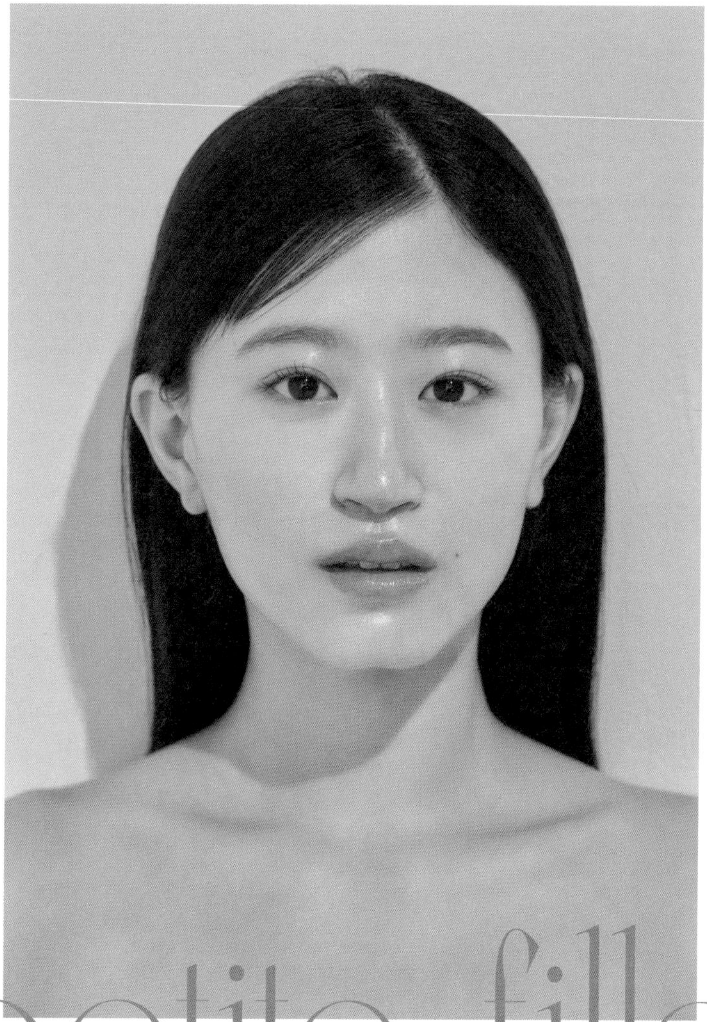

petite fille

小さい女の子

「Petite fille」を見つけれーちゃんして
手に取ってくださりありがとうございます
一度は諦めかけたモデルの夢を叶える
ことができたのは応援してくださる皆さんの
おかげです。
お洋服は私に自信をくれる大切な存在です。
同じようにこの本が誰かの自信になれたら
嬉しいです

NMB48 上西怜

はじめに

ずっとずっとNMB48に入ってからも言い続けてきた、

夢だったファッションモデルへの夢。

2022年の夏からS Cawaii !レギュラーモデルとして活動を始めさせていただきました。

でも154cmという身長でモデルなんてできるのかなって。

「モデルは服を着こなすバランスが大事」「れーちゃんは着こなしのテクニックがすごい」

って編集部でも言っていただいて、低身長でも、

工夫次第でモデルさん的な見え方ができるんだって。

だからハッシュタグを#低身長　にしたり、

私と同じような女の子たちに発信したいなって思えました。

憧れだったファッションのSTYLEBOOKもこうやって出すことができて

みなさんのおかげで夢が一歩ずつかない始めています。

次の夢はモデルとして大きな舞台のランウェイを歩くこと。

きちんと見守っていてくださいね

NMB48上西怜

CONTENTS

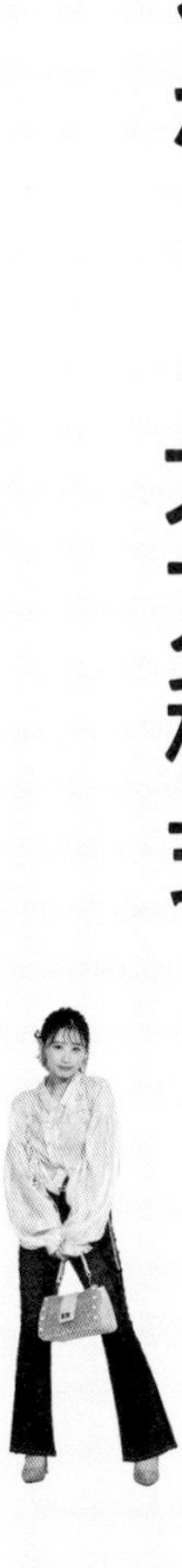
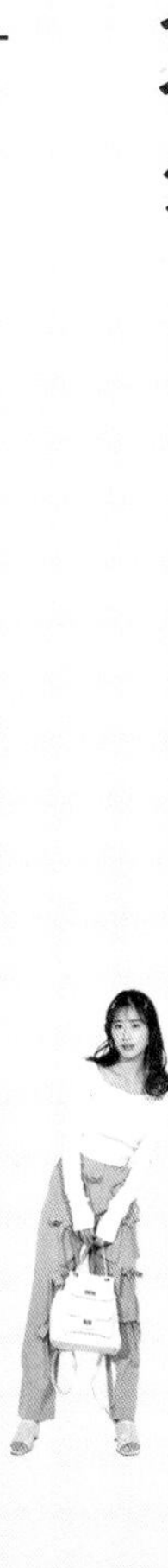
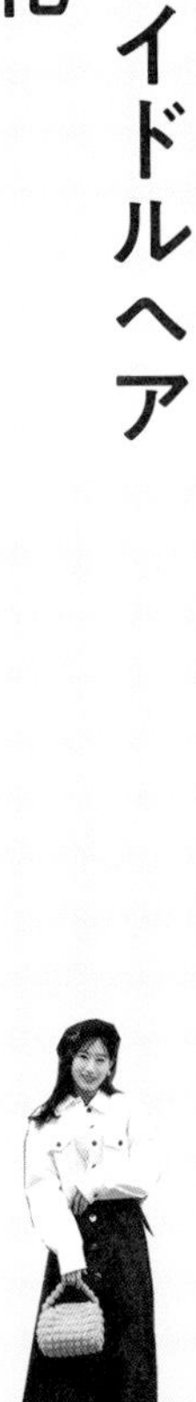
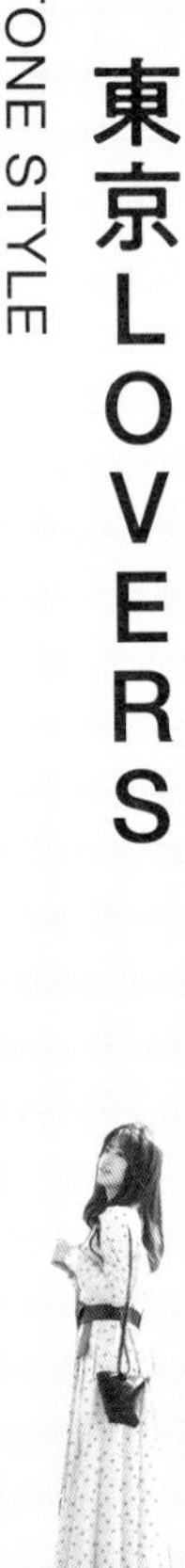

#れーちゃん STYLE-UP

方程式01

【ベース服のセレクト】

春のTREND服を低身長さんが選ぶには？
スタイルアップにはまずシーズンの
着回しできる定番服をどう選ぶか？
これにかかっています。

リゼクシーのニットベストシャツチュニック

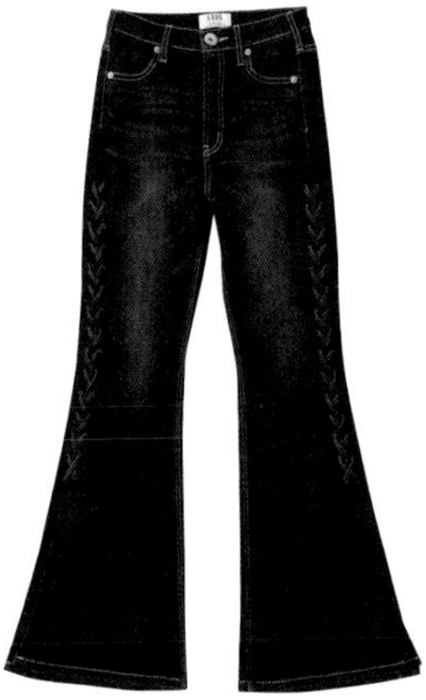

GYDAのフレアデニム

dazzlinのブルートレンチコート

154cmのれーちゃんが160cm台のモデルに見えるのはナゼ？

着こなし4大方程式

GYDAのレイヤードぴたニット

カカトゥのバッグ

Darichのベルト付きストライプワンピース

W♥Cのグリーンバッグ

オリエンタルトラフィックのグリーンパンプス

#れーちゃん STYLE-UP

方程式02

【配色や形のヒミツ】

れーちゃんのアイテム選びや
コーディネートの配色には明確で
ロジカルな理由がありました。
今回は語ってこなかった
ポイントを秘技伝授！

ダイアナのサンダル

リゼクシーのフロントボタンベルト付き黒ワンピース

#れーちゃん STYLE-UP

方程式03

【シルエットの作りかた】

れーちゃんといえばさりげないハイウエスト。
スタイルアップに欠かせない
全身シルエットから、肌見せテクまで
驚くべきヒミツを明かします。

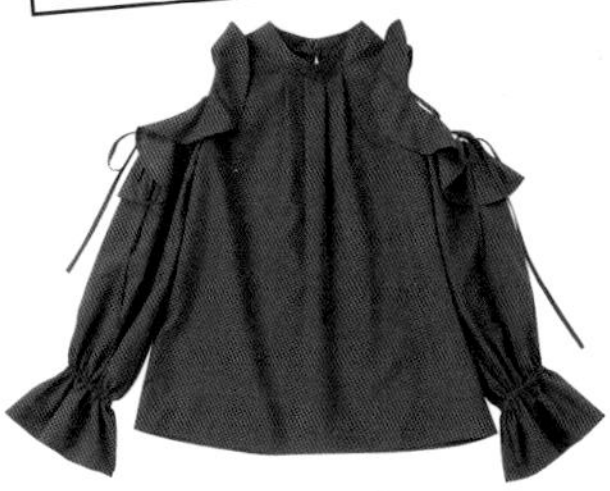

dazzlinのフリルレースアッププラウス

merry jennyの
フリルビッグ襟トップス

merry jennyの
チェックミニキャミワンピース

STYLE-UP上西怜×

れーちゃんの着こなしテクには、
誰もがスタイルアップできる
今日からマネできる方程式が
隠されていたのでした。

#れーちゃん STYLE-UP

方程式04

【小物選びのコツ】

小物こそ実はスタイルアップに欠かせない最終兵器。
スニーカー選びからバッグや帽子まで
実は超意味のあるセレクトをしていたのです。

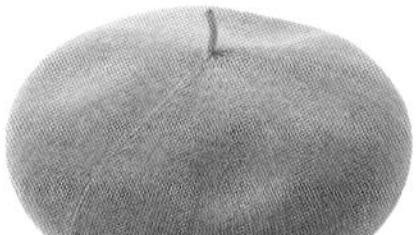

CA4LAのピンクベレー帽

カシュカシュの
マイクロショルダー

プラス ダイアナのスカーフ付き2WAYスニーカー

#れーちゃん STYLE-UP

方程式 01

ベース服のセレクト

春の定番スプリングコートは迷わずトレンチコートをセレクト。背が低いと丈が気になってあきらめがちですが、薄い色やベルトの位置、袖のシルエットなどディテールからきちんと選べば、低身長だってスタイル抜群になります。

れーちゃんチェック

☑ベルトマークは腰高の高い位置に
☑一瞬でおしゃれな大人ブルーで軽め
☑裾は長いくらいでちょうどいい

item

1 dazzlinのブルートレンチコート

チェックするのは ››
袖・ライン・裾の長さ

着やせして見える「袖」は二の腕から手首にかけて絞り込んだシルエットをセレクト。

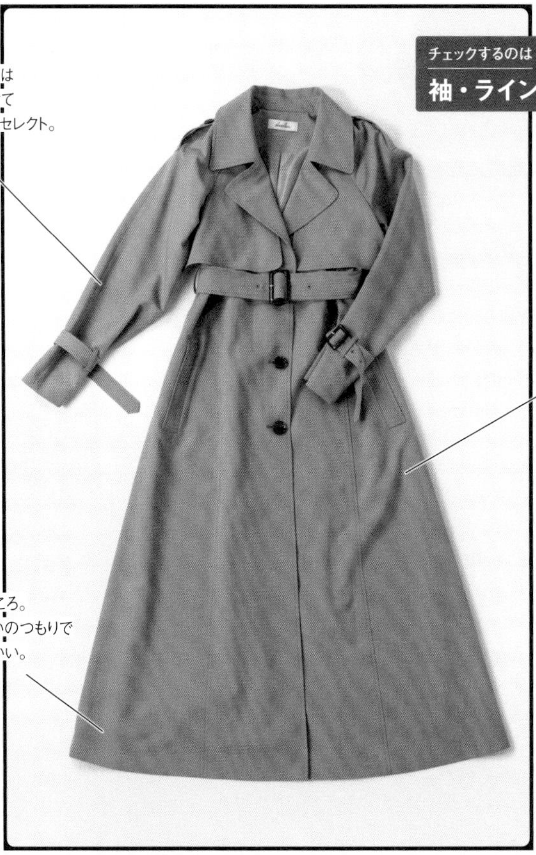

低身長OKの「横に開いたAライン」を選べばトレンチだって怖くない。

裾の長さは誰もが気になるところ。足首ちら見せくらいのつもりでロング感を出していい。

究極Aライン×スプリングコートの場合

☑ 「細見え」「脚長見え」を意識した新定番のコート選び

154cmだからこそあえてロングに見える丈を

ベージュカチューシャ

×

ブルートレンチコート

×

ベージュのミニスカ

ロングコートの場合はリボンがついていたり、
ウエストが締まるものや、
裾が広がって「細見え」「脚長見え」をとくに意識しています。
生地は少し厚め、ゆとりがあるものがいいですね。
インにワンピースなら脚見せしつつ
ブーツでギャップを意識しています。
コートを脱ぐと脚がチラリ。
配色もおしゃれっぽく、アイドル的な小道具、
ビッグカチューシャだってスタイルアップに繋がりますよね。
ちなみに普通のコートの場合は、ショート丈をセレクトします。
脚出しコーデのときに着るようにしています。

ブルートレンチコート 16,500円／dazzlin
ミニスカート 8,250円／dazzlin
ドットブラウス 3,190円／INGNI
カチューシャ 6,380円／CA4LA（CA4LA プレスルーム）
イヤリング 11,340円／アビステ
バッグ 14,300円／ダイアナ（ダイアナ 銀座本店）
パンプス 7,500円／オリエンタルトラフィック（ダブルエー）
ソックス／スタイリスト私物

フレアデニム × ピンクのシャツ・バッグ・靴

フルレングスのパンツは
ハイウエストかつ裾フレアが鉄則

フレアデニムで縦ラインを強調！
他はピンクでまとめると甘辛バランス◎

低身長さんのパンツは短丈が
オススメだけど、長丈を履きたいなら
ジャスト丈を選ぶのがマスト！
ウエストがキュッと締まっていて、
できるだけ股上が深いものを履けば、
ウエストの位置を最大限に詐欺れます。
お尻や太もものあたりはピタッと、
裾はフレアになっていると
縦ラインが強調できて脚長に。
小物はピンクでまとめて、
パンツスタイルにも甘さをミックスするのが
私流です。

フレアデニム 13,990円／GYDA
ピンクブラウス 9,350円／merry jenny
イヤリング 6,300円／アビステ
ベルト 880円／スピンズ
バッグ 17,050円、パンプス 19,800円／
ともにダイアナ（ダイアナ 銀座本店）

方程式

-01-

item

2 GYDAのフレアデニム

ウエストはできるだけ
高めにして
腰の位置を詐欺る！

フレアデニムは、美脚&脚長見えが
叶う今季人気のシルエット。

方程式 *item*

-01-

3 リゼクシーのニットベストシャツチュニック

ロングシャツとミニ丈ベストで
腰の位置を高く&スタイルアップ。

一体になっているデザインだから、
これだけでコーデが即完成♪

長丈に短丈を重ねる
「目の錯覚」を生かした脚長見せテク

長丈シャツ

×

短丈ニットベスト

×

ショートパンツ

コンパクトなニットベストとベレー帽で
とにかく目線を上に、上に！

長い丈のトップスに短いベストを重ね着するのは、
腰の位置を高く見せたい時の必殺ワザ。
私は下半身にお肉がつきやすいのが
コンプレックスなので、ムチムチ感をごまかすために
裾がふわっと広がったショートパンツを合わせます。
アクセントにベレー帽を被って、
とにかく重心を上に！キラキラビジュー付きの
シューズを合わせて、さりげなくトレンドもMIX。

ニットベストシャツチュニック 8,800円／リゼクシー
ショートパンツ 20,460円／MILK
チェックベレー帽 14,850円／CA4LA（CA4LA プレスルーム）
イヤリング 5,250円／アビステ
ネックレス 1,650円／PARIS KID'S 原宿店
バッグ 3,289円／スピンズ
シューズ 14,300円／プラス ダイアナ（ダイアナ 原宿店）
ソックス／スタイリスト私物

#れーちゃん STYLE-UP

方程式 02

配色や形のヒミツ

れーちゃん曰く「低身長のモノトーン」は白9：黒1の割合がスタイルアップの秘訣だそう。
私服でもよく登場する黄金パターンですが、ベース服は基本白・オフホワイト・ベージュ系などをセレクト。
そして差し色的にバッグ、ベルトや靴など小物は黒で必ず締めてれーちゃんモノトーンが完成。

れーちゃんチェック

- ☑ **黒ベルトや黒バッグなどでサイレント・モノトーンを**
- ☑ **黒は小物でSTOP。第一印象は白ベースで女子度UP**
- ☑ **ベース白の場合はストライプ・花柄など「柄モノ」をセレクト**

item

1 Darichのベルト付きストライプワンピース

黒面積が多すぎると× ››
低身長モノトーンは黒少々です

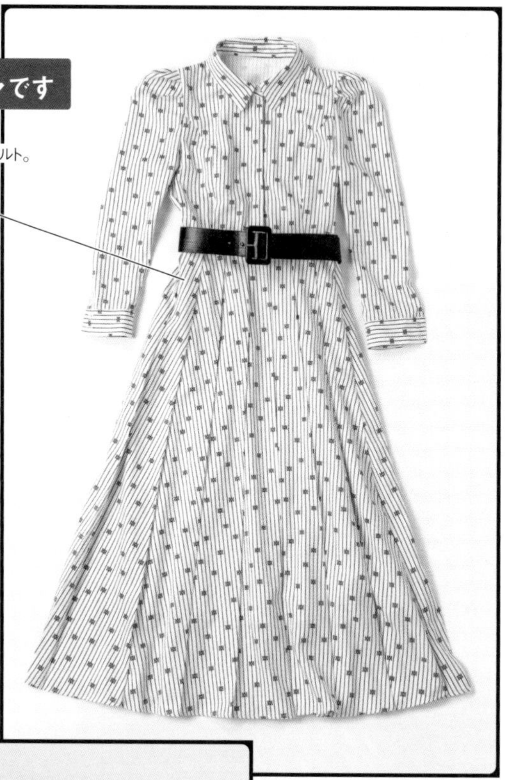

太すぎないハイウエストの黒ベルト。
柔らかいAラインワンピでも
目線が上に来ます。

2 カカトゥのバッグ

流行りの小ぶりなバッグ。
ひと回り小さいものをセレクト。
逆三角のシルエットがベスト。

3 ダイアナのサンダル

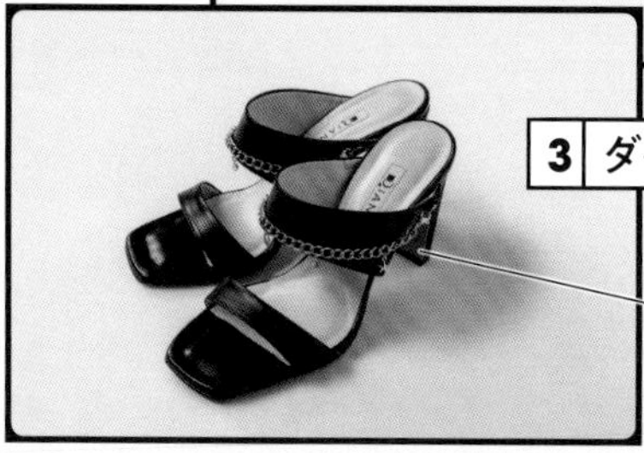

シックで大人な黒サンダル。
もちろんヒールは高いものを。
足の甲の肌見せという裏ワザ！

白ベース9割×黒小物1割の場合

☑

基本的には色は2色、多くて3色
ハイウエストで砂時計のようなシルエットを意識しています

ベルト付きワンピース

×

黒のベルト・バッグ・靴

白って膨張色のイメージが強いですが、
ストライプ+柄でニュアンスがきちんとあって、
スタイルアップに繋がっています。
ウエストが締まっているものだったり、
どこかしら少し黒を入れています。
シルエットとしても砂時計のように、
上でウエストが締まるようなイメージですね。
白じゃない場合は、黒よりも
薄い暗めの色を差し色として使っています。
また小物同士で靴下と帽子が同じ色とか、
バッグと靴が同系色とか、
色の数は抑えながら合わせたりしています。

ベルト付きストライプワンピース 18,700円／Darich
イヤリング 1,650円／PARIS KID'S 原宿店
バッグ 6,600円／カカトゥ（アンビリオン）
サンダル 18,700円／ダイアナ（ダイアナ 銀座本店）

キャメルのニットワンピ

×

グリーンのバッグ・靴

カラーアイテムは
靴やバッグからが取り入れやすい

お洋服は無難な色を着ちゃいがちなので、
色は小物で取り入れるようにしています。
中でもビビッドカラーは難しく感じがちだけど、
全体に使う色を3色までにすると
まとまりが出ます。
私みたいにお胸の大きさが
コンプレックスな人は、
ブカブカの服を着ると太って見えるので、
逆にピタッとしたシルエットの方が
すっきりして見えます。
裾のフレアで太ももカバーも抜かりなく!

使う色を3色までに抑えたら
トレンドのグリーンも難なくクリア

グリーンバッグ 2,199円／W♥C
グリーンパンプス 7,500円／
オリエンタルトラフィック（ダブルエー）
フリルカラーニットワンピ 14,300円／Darich
イヤリング 16,500円／アビステ
ソックス（3足） 1,100円／チュチュアンナ

方程式

-02-

item

4 W♥Cのグリーンバッグ

コーデのアクセントになる
鮮やかカラーのミニバッグ。

item

5 オリエンタルトラフィックの
グリーンパンプス

旬なメタリック素材の
グリーンパンプスは、
履くだけで一気に今年顔に。

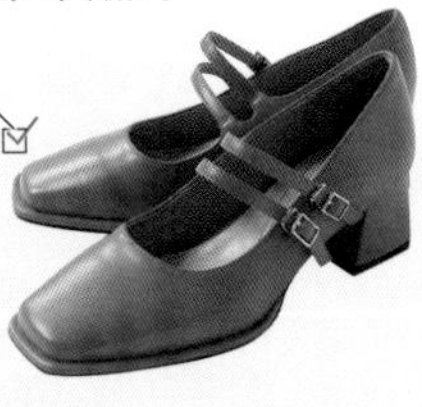

方程式 *item*

-02-

6 GYDAのレイヤードぴたニット

首元が空いていると
顔周りがすっきり&鎖骨見せで
色っぽさもGET。

ぴたっとした短丈ニットで
脚長バランスを叶える。

白のぴたニット

×

リボン付きパンツ

**首元の空いたデザインは大人っぽいし
顔まわりがすっきり見えて好きです**

基本的にトップスは短めを選ぶか、
タックインするかして、ウエストの位置を
高く見せるようにしています。
デコルテが見えるデザインは
大人っぽく見えるし、
顔まわりがすっきり見えて好き。
トップスがシンプルなので、
ボトムスはこれくらいインパクトのあるものを
合わせても可愛い！
パンツ以外を白で揃えると
統一感が出せるし、
ピュアな雰囲気も演出できます。

☑

**デコルテががっつり出る
ぴたニットで首を長く見せる**

レイヤードぴたニット 6,990円／GYDA
リボンスラックス 9,900円／merry jenny
バッグ 4,399円／W♥C
サンダル 7,500円／
オリエンタルトラフィック(ダブルエー)
ヘアピン、イヤリング／スタイリスト私物

・#れーちゃん STYLE-UP・

方程式 03

シルエットの作りかた

低身長×メインが黒アイテムの場合、重くなりすぎないように白をきちんと入れてとにかく上に目線を向ける。
白のリボンや大きな襟をつけても同じ効果があるので、試してみてください。
ジャケットなどの羽織りものは丈を短くすることで、ハイウエスト感覚がシルエットで作れます。

れーちゃんチェック

☑目線を上に見せ、かつ明るい色で顔映えも
☑帽子（ベレー帽）から靴まで黒で締めてスタイルアップ
☑黒ワンピならフロントボタンなど要アクセント

item

1 リゼクシーのフロントボタンベルト付き黒ワンピース

低身長だってかまわない！ ››

黒のAラインロングワンピに挑戦できます

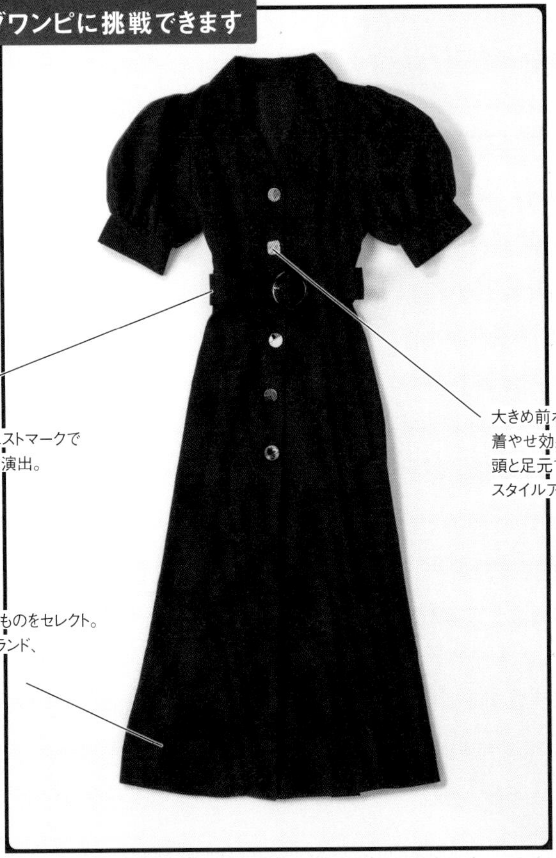

黒ワンピ×黒ベルトのウエストマークでハイウエストなシルエットを演出。

大きめ前ボタンは着やせ効果にも。頭と足元でも黒×黒はスタイルアップに。

裾は足首が少し出るくらいのものをセレクト。自分に合ったブランド、丈を見つけよう。

☑

頭から黒↓白↓黒↓黒

首元をきちんと見せて肌色を見せる

ロング丈ワンピ×ウエストマークの場合

白デニムジャケット × **ベルト付きワンピース**

白9：黒1のルールを前ページでやりましたが、ここでは王道モノトーンを紹介。
黒だけでシルエットを完成させず、短め丈の白アウターなどで目線を上げてみましょう。
私服だと大きな襟やリボンなどで目線をあげることも。
また、首元は詰まらないように意識しています。
これで首が詰まった形のアイテムをアウターとして着ると台無しになってしまいます。
また、アドバイスとしては胸が大きかったり、
着やせしたい場合は、胸より上にリボンやビッグ襟でマーキングしていきましょう。

STYLE-UP REI

フロントボタンベルト付きワンピース 11,000円、
ジャケット 10,450円／ともにリゼクシー
ベレー帽 15,950円／CA4LA（CA4LA プレスルーム）
イヤリング 7,020円／アビステ
バッグ 3,849円／WEGO
スニーカー 7,700円／オーアールティーアール（ダブルエー）

方程式 -05-

item

2 dazzlinのフリルレースアップブラウス

フリルのボリューム感で目線を上に。
肩出しで季節感を先取り。

item

3 merry jennyのチェックミニキャミワンピース

ラインの短丈ワンピで、
最強脚長バランスが完成！

ボリュームブラウスとミニワンピで作るコンパクトな砂時計シルエット

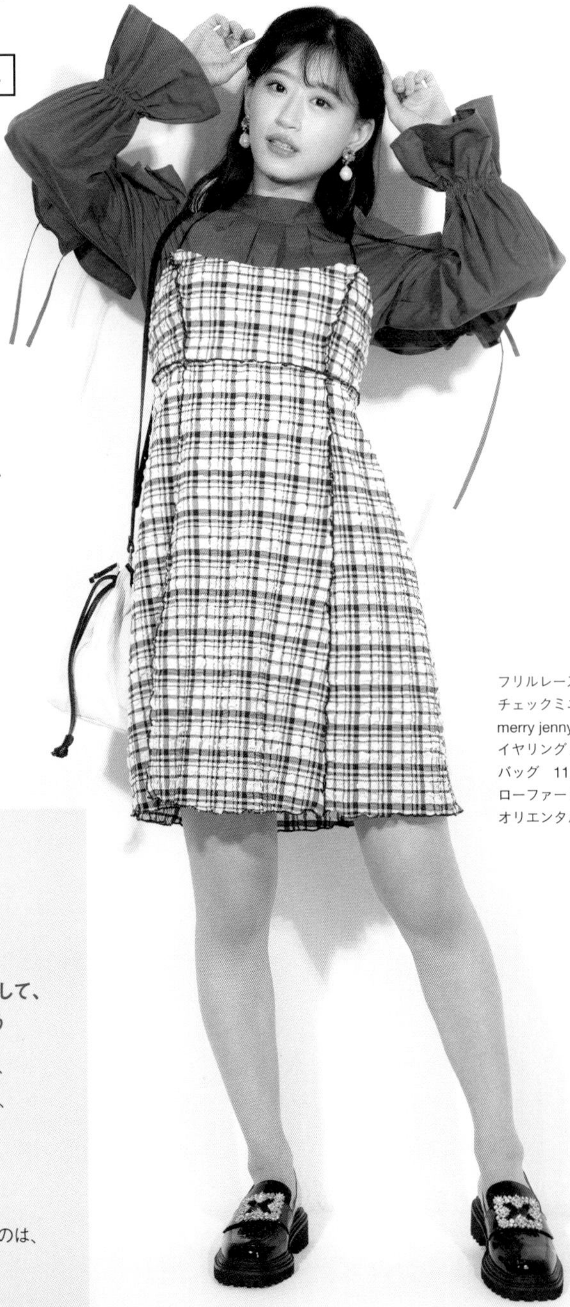

フリルレースアップブラウス 8,250円／dazzlin
チェックミニキャミワンピース 11,000円／merry jenny
イヤリング 25,300円／アビステ
バッグ　11,990円／ペルケ（アンビリオン）
ローファー 8,500円／オリエンタルトラフィック（ダブルエー）

フリル付きブラウス

×

Aラインミニワンピ

コンプレックスはカバーorごまかして、出せるところはガッツリ出しちゃう

胸元のボリューム感を抑えたい人は、大きいフリルやビッグ襟などの飾りを、胸より上に持ってくるといいですよ。そうすると、目線がそっちに奪われて太って見えないんです！
ボリュームのあるトップスに合わせるのは、裾がふわっとしたミニワンピ。太ももや骨盤周りをカバーしつつ、脚は思い切り出して、上重心の砂時計シルエットを作るのがスタイルアップのカギです。

方程式 *item*

-03-

4 merry jennyのフリルビッグ襟トップス

インパクト大なビッグ襟で
目線を上に集めて。

顔が大きく見えないよう、
首が詰まっている感のないのがポイント。

ビッグ襟で上重心&
タックインでウエスト位置を高く

フリルビッグ襟トップス 8,250円／merry jenny
レーススカート 4,290円／INGNI
イヤリング 9,720円／アビステ
バッグ 16,500円、サンダル 18,700円／
ともにダイアナ（ダイアナ 銀座本店）

フリルビッグ襟ブラウス

×

レースのAラインスカート

「控えめなAライン」が
上重心バランスを守るヒケツ

大きめの襟は、上重心にしてくれるうえ、
小顔に見せてくれる魔法のアイテム。
だけど首が詰まっていると
顔が大きく見えちゃうから、
いい具合に首元の空いたものを
見つけるのが大切です。
裾はタックインして上半身の面積を小さく。
スカートは、ストンと下に落ちても、
逆に広がりすぎても
下重心になってしまうので、
その間の"控えめなAライン"を意識しています。

・#れーちゃん STYLE-UP・

方程式04

小物選びのコツ

相変わらず流行っている厚底スニーカー。
コンバースなどのローテク派といわゆるハイテクスニーカーに分かれていますが、
低身長なら絶対ローテク。かつ色が派手じゃなく、
今回のコーデのように服のベージュに合わせベージュを。

れーちゃんチェック

- ☑できるだけシンプルなローテク厚底を選ぶ
- ☑カラー選びも慎重に。スタイルになじむ色をセレクト
- ☑ビッグ襟ならぬリボンやスカーフであしらいを

item

1 プラス ダイアナのスカーフ付き 2WAYスニーカー

厚底→エアクッションなら ››

ゴツくならないローテクスニーカー

靴ひもとスカーフの2WAY。
スカーフで「ビッグリボン」のような
女子力アップ効果が

ローテク過ぎない
デザインの
可愛めベージュ

スケルトンのエアクッション。
厚底感は減って
足元が重くならない

低身長×ゴツくない厚底スニーカーの場合

☑ スニーカーからバッグまで「同系色」でコーデに合わせます

全身ベージュコーデ

×

ごつくない厚底スニーカー

ベストというには大きすぎるサイズに見せるのは
袖まで外せるジャケット風なんです。
白シャツにベージュの「白×ベージュ」で
コーデから小物までを統一！
色を合わせる、取り入れる、同系色を選ぶ……
低身長の小物選びは実は超重要なんです。
ピアスの形や色、スニーカーのヒモをアレンジしたり、
色を入れたり。
ヘアアクセも色や形を靴やベルトと合わせたり。
頭側と脚側でうまくカラーを合わせることで、
スタイルアップできますよ。

スニーカー 15,400円／プラス ダイアナ（ダイアナ 原宿店）
ベスト（取り外せる袖付き）6,050円／INGNI
シャツ×ニットセット 5,720円／スピンズ
イヤリング 16,500円／アビステ
バッグ 5,499円／WEGO
ヘアピン／スタイリスト私物

ONISHI

方程式 -04-

item

2 CA4LAのピンクベレー帽

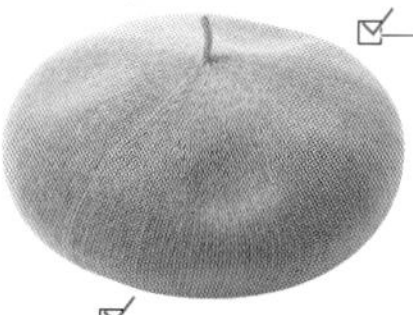

帽子は、被るだけで
スタイルアップに導く
優秀アイテム。

形が超重要だから、
調整できる柔らかい素材のものを
チョイスして。

目線を上に集めるベレー帽は形とサイズ感を重視

ピンクのベレー帽・バッグ

×

ボーダーT

×

台形キュロット

ベレー帽を選ぶなら
生地が柔らかくて調整できるものを

ベレー帽が大好きでたくさん持っているんですが、買うときは形とサイズ感をとにかく重視します。帽子の面積が小さすぎると顔が大きく見えるし、キノコみたいな形になっちゃうこともあるので(笑)、ジャストフィットするものか、生地が柔らかくて調整できるものが理想です。この春は、ボーダーや台形スカートなどと合わせてフレンチマリンなスタイルに挑戦してみたい！

ピンクベレー帽 5,500円／CA4LA(CA4LA プレスルーム)
フリルマウンテンパーカー 14,300円／merry jenny
トップス 7,150円／リゼクシー
プリーツキュロット 20,900円／MILK
イヤリング 1,540円／PARIS KID'S 原宿店
バッグ 5,499円／WEGO
ソックス(3足)1,100円／チュチュアンナ
ローファー 8,500円／オリエンタルトラフィック(ダブルエー)

方程式 -04-

item

3 カシュカシュのマイクロショルダー

細めのショルダーで、
華奢でこなれた雰囲気に。

マイクロサイズで、
ミニバッグブームの
最先端をキャッチ。

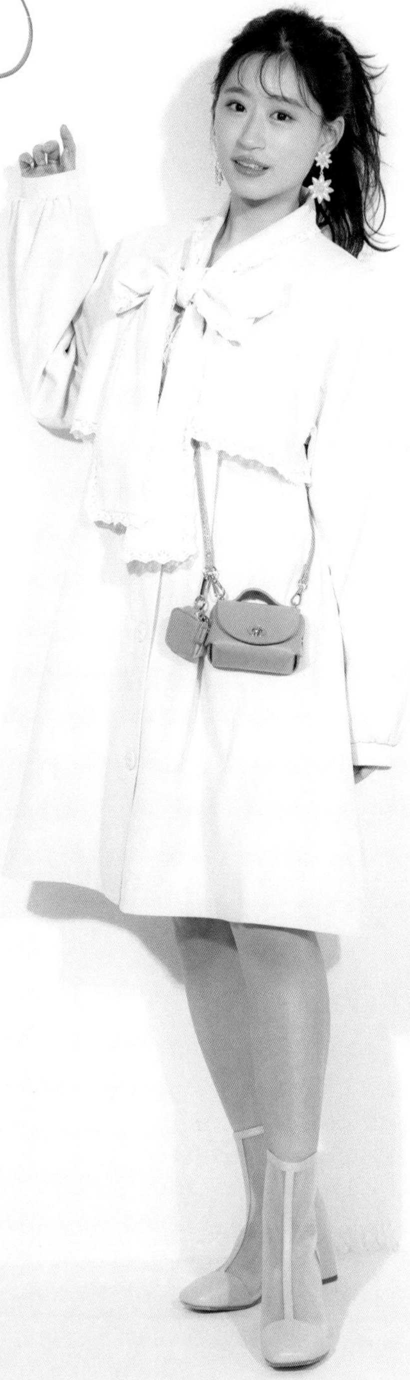

細めのショルダーストラップと
ミニサイズのバッグですっきり見えを狙って

マイクロショルダーバッグ

×

リボントレンチ

ベージュワントーンコーデは
シルエットでメリハリを付ける

ショルダーバッグは、紐が細くて
小さめのものが華奢に見える
感じがして好きです。今欲しいのは、
超ミニサイズのマイクロショルダーバッグ。
鞄が小さいだけで、なんだか
おしゃれ上級者感が出ますよね。
ベージュのワントーンコーデをするなら、
デカリボンの付いたAラインワンピで
メリハリをつけたい！
足元は透け素材にすると、
すっきり脚長に見せられます。

バッグ（大H7×W10×D6、小H 5×W5×D2）4,950円／
カシュカシュ（アンビリオン）
リボントレンチ 16,500円／merry jenny
イヤリング 1,980円／PARIS KID'S 原宿店
ブーツサンダル 8,500円／
オリエンタルトラフィック（ダブルエー）

BEFORE → AFTER

自分史上最高ヘアメイク

S Cawaii!でもお馴染みの企画。
れーちゃんのすっぴんからキュートとクールの2パターンの
自分史上ヘアメイク挑戦しています。
春めくトレンドフェイスにいざ、大変身！

（ 実はすっぴんには自信がないんです ）

「アイドルとしての上西怜はやっぱりキラキラしてて女の子の憧れのような存在を目指していてメイクもヘアアレンジも日々研究してたりします。
どの誰よりも自分の顔を見る機会というのは多いものですよね。だからこそ、自分にしかわからないコンプレックスみたいなものがあります。
自分に合った、最大級に自分自身を引き出すという意味ではまだまだなのかもしれません。
それを見つけることができたら、今よりももっと輝いた私を皆さんにお届けできるかなって思っています」

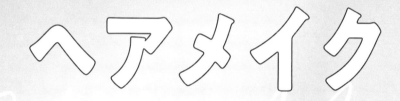

BEFORE

Cute

透明感抜群！

ツヤジューシー♡な
ピーチメイク

Cool
美人ムードを引き出す
いい女風
グリー メイク

Cute

透明感抜群！

ツヤジューシー♡なピーチメイク

みずみずしくおいしそうな
ジューシーフェイスのポイントは、
果物みたいなパステルカラー&うるっとツヤめく肌！
全体を春カラーで軽やかに仕上げつつ、
ブルーのまつ毛で締めてポイントをプラス。
生っぽいツヤをリップや肌に乗せたら、
ほんのり色っぽさもあるヘルシーメイクが完成♡

シースルーバングから
おでこをチラ見せして、
軽やかでフレッシュな
表情に

ポニーテールは、
ピュアで元気な
魅力をアピールできる
最強ヘア！

うるツヤ質感でヘルシーな色気とかわいさをGET

れーちゃん
Comment

まさに今なりたい、
美味しそうなお顔になれて嬉しい！
下まぶたのブルーとピンクの
アイシャドウは
初めて見た感じの可愛さで、
他の子と差をつけられそう♪

BEFORE

うるツヤ質感でヘルシーな色気とかわいさをGET

HOW TO

使用コスメ

A

ジルスチュアート
イルミネイティングセラムプライマー UV 01

スキンケアのようなみずみずしい使用感の化粧下地

Base

| Point 1 |

ピンクラメが入ったAを全顔に薄く塗布する。ベースの時点から顔を明るく、きれいなツヤ肌に見せるために仕込んでおく。

Cheek

| Point 2 |

Bを頬の中心から目頭側に向かうように乗せる。ジュワッと発色しているようなほっぺに。

使用コスメ

B

コフレドール プレイフルカラー アイ&フェイス EX01 ストロベリー

アイシャドウ・チーク・フェイスカラーとして使える

Eyebrow

| Point 3 |

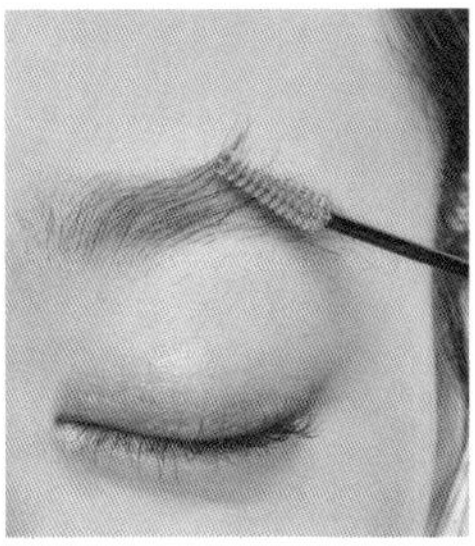

眉毛にCを塗って色を明るくする。

使用コスメ

C

デジャヴュ アイブロウカラー 1 アッシュブラウン

先端直径3mmの極小ブラシで、地肌に液がつくことなく眉毛を立ち上げる

Eye

| Point 4 |

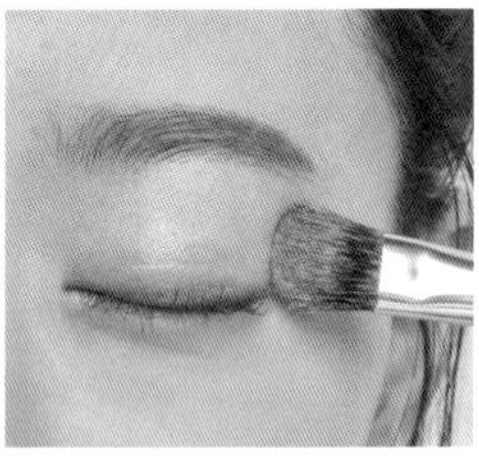

Dの○をアイホールに乗せる。

| Point 5 |

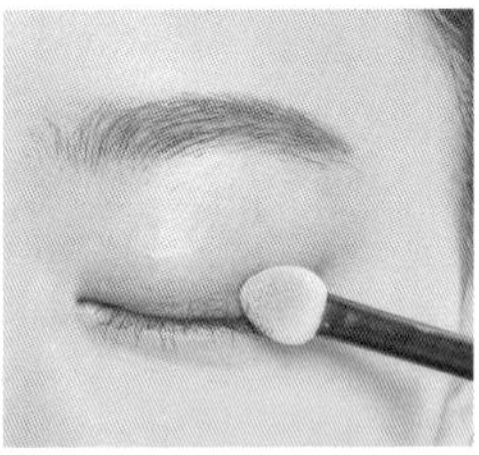

☆を二重幅に乗せる。

| Point 6 |

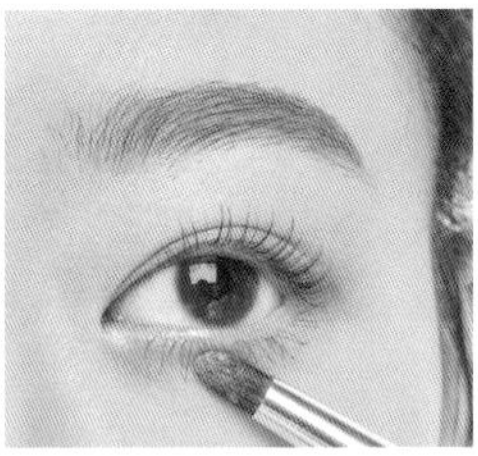

△を下まぶたの目頭〜黒目の終わりくらいまでオン。

| Point 7 |

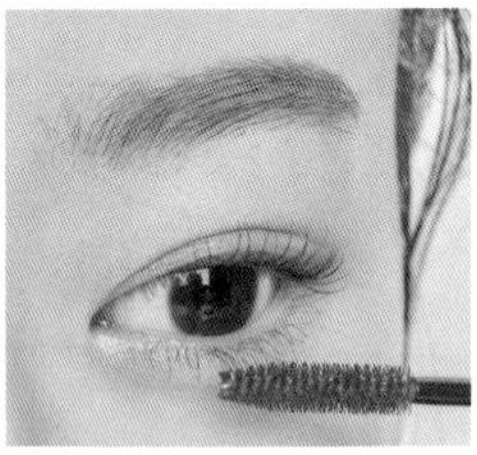

下まつ毛にEを塗る。

D

ルナソル アイカラーレーション EX29 ナイトガーデン

個性豊かな色や質感を楽しめる、4色セットのアイシャドウ

使用コスメ

E

アディクション ザ マスカラ カラーニュアンスWP ダスティスカイ 008

透明感のある神秘的な眼差しを叶えるカラーマスカラ

Lip

| Point 8 |

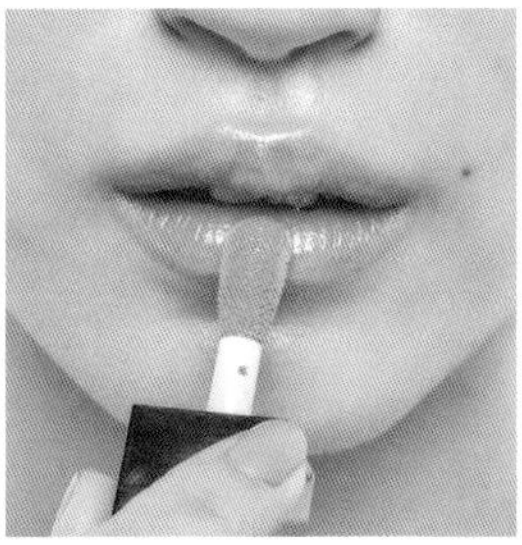

Fを唇全体にさらっと塗る。

使用コスメ

F

アディクション リップオイルプランパー 011

透明感のあるぷっくりとした唇と、高いケア効果を叶えるリップオイル

Cool いい女風グリーンメイク

美人ムードを引き出す

春らしいくすみグリーンの目元が印象的なメイク。
アイラインの色味を活かすため、マスカラも抜け感のあるカラーをチョイス。
マットなアイシャドウでジュワッと発色しているようなグラデーションを作りアカ抜けた印象に。
最後に赤リップで締めて、キリッと美人顔に仕上げて。

大人な春色とマット質感で凛とした強さをまとう

カッコ良くなり
すぎないように、
前髪をちょろっと残した
オールバック風ヘア

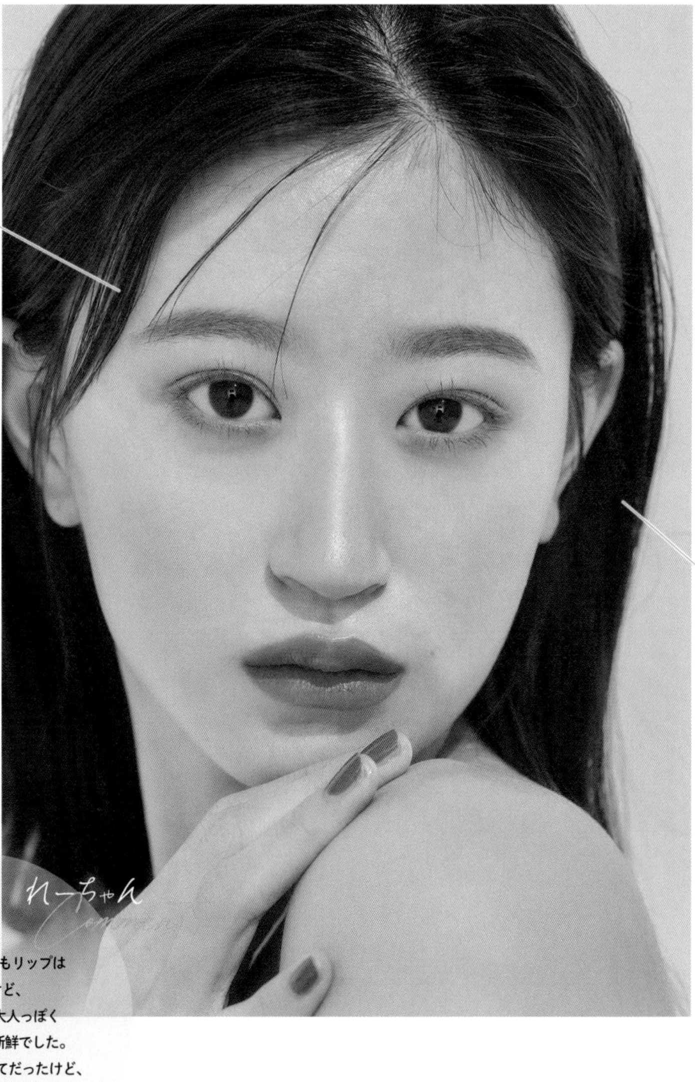

後ろ髪をオイルで
押さえつけて
タイトなシルエットに。
濡れ質感で大人っぽく

れーちゃん

普段のライブの時もリップは
濃いめだけど、
いつもと違って大人っぽく
仕上げてもらえて新鮮でした。
カラーメイクは初めてだったけど、
印象が一気に変わって楽しい！

大人な春色とマット質感で 凛とした強さをまとう

HOW TO

使用コスメ

A

スック メルティング パウダー ブラッシュ 04

パウダーでありながら、大人の肌に自然になじむ"新湿感"のチーク

Point 1 Cheek

チークブラシを使って、Aを黒目の下あたりから外側に向けてふわっと乗せる。内側に入れると可愛くなりすぎてしまうので注意！

Eyebrow

使用コスメ

B

シピシピ ブロウパウダー 02
カジュアルピンク

ふんわり×しっとり。ピタッと
密着するアイブロウパウダー

Point 2

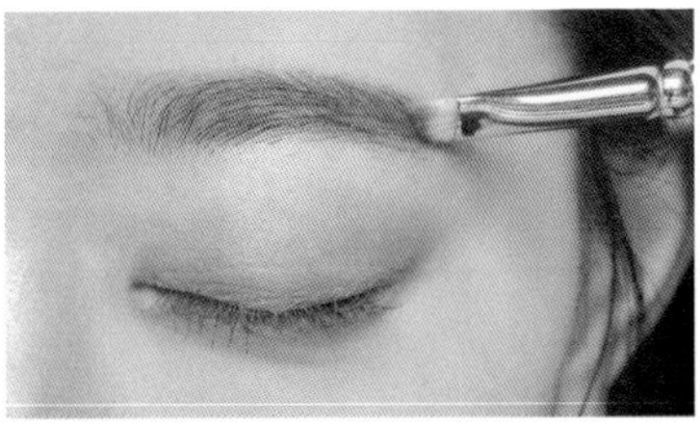

Bの◯を眉にオン。パウダータイプでしっかりめに
色を乗せる

Eye

Point 3

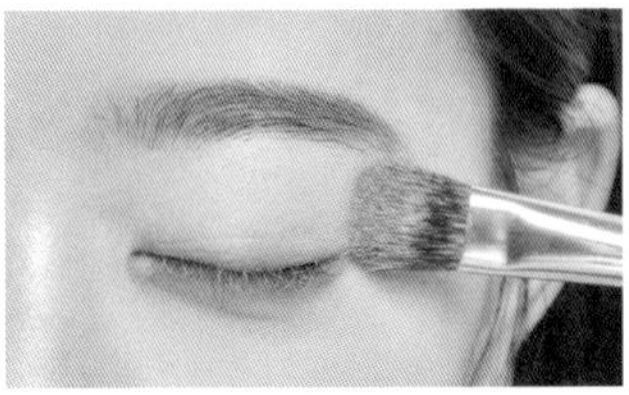

Cの△を上まぶた全体に広めに乗せる

Point 4

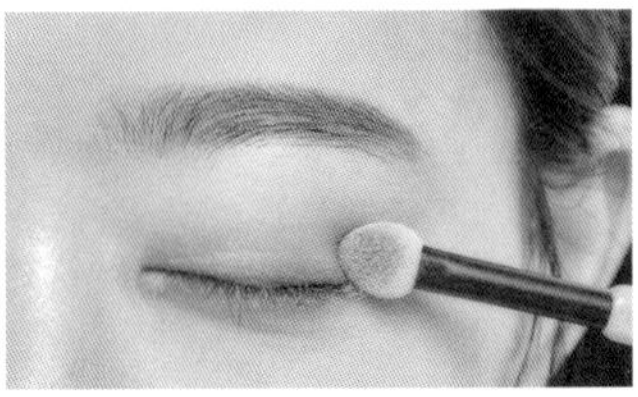

☆と□をミックスさせて、アイホールに塗る。
下の方をやや濃くして、グラデーションにな
るように

Point 5

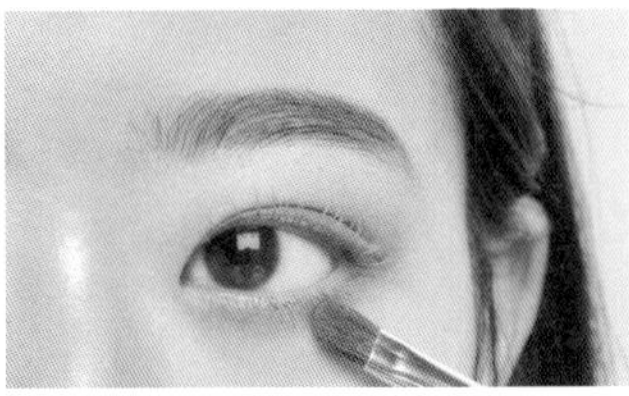

下まぶたの目頭〜目尻に□を乗せる

使用コスメ

C

セルヴォーク ヴァティック
アイパレット 07

テクニックいらずで、ニュアンスと
奥ゆきを演出するアイパレット

使用コスメ

D

ヴィセ リシェ アンティーク
パステル ライナー GR780

くすみパステルカラーで抜け感ある
目元を叶えるリキッドライナー

Point 6

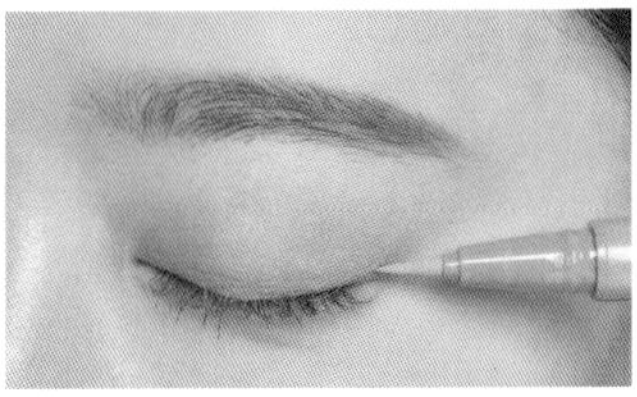

Dを使って、目頭〜目尻にアイラインを太め
に引く。目尻は流すように、少しだけ延長さ
せる

Lip

使用コスメ

F

アールエムケー
リップスティック コンフォート
マットフィットベルベット 03

マットなのに、なめらかで
クリーミィなリップスティ
ック

Point 8

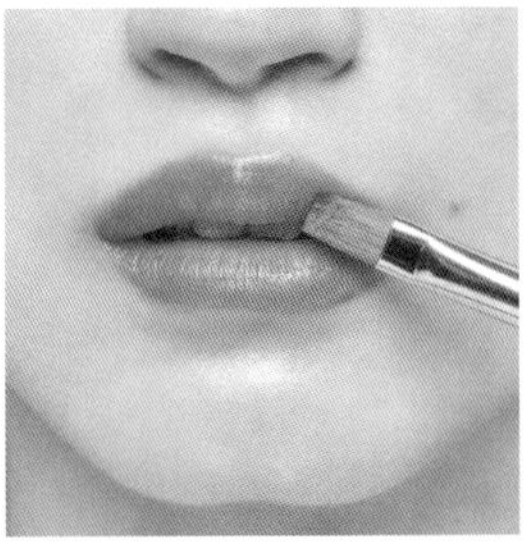

Fをブラシに取って唇に塗る

使用コスメ

E

アディクション ザ マスカラ
カラーニュアンスWP
ダークマスタード 003

透明感のある神秘的な眼差し
を叶えるカラーマスカラ

Point 7

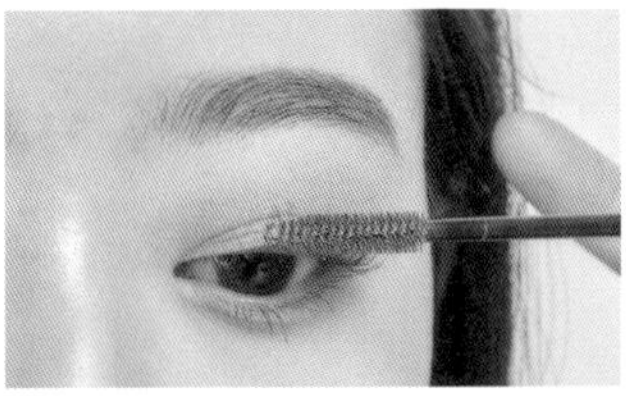

まつ毛にEを塗る。アイラインが目立つよう
に、黒ではなく色素薄めのカラーをチョイス

アレンジ七変化

簡単をコンセプトにれーちゃんの1日をシチュエーション別に教えます！

Hair.01　れーちゃんハーフツイン　～おしゃれver.～

Hair.02　テンションUP! アクティブ高めポニー

Hair.03　甘さ盛り盛り♡ くるりんぱツインテール

Hair.03+A　くるりんぱの数を増やすと手が込んでる感もマシマシ!

Hair.04　大人な小洒落ローポニー

Hair.04+A　ローポニーをお団子にすると韓国っぽヘアに!

Hair.05　カチューシャ風ねじねじヘア

Rei SITUATION / Hair Arrange

Part.1

ヘアメイクさんと
おしゃべりしてリラックス♡

Rei SITUATION / Hair Arrange

Part.2

爽やかポニーテールで
ロケ開始!

れーちゃんの

360度どこから見ても。可愛いが叶う アイドルヘア

超リアルなれーちゃん発のアレンジアイデア。アイドルらしく、でも時短で

Rei SITUATION / Hair Arrange

Part.3

美容の撮影は寄りで!

+ Arrange

Rei SITUATION / Hair Arrange

Part.4

次のロケ場所はニュアンスのある壁前で

+ Arrange

Rei SITUATION / Hair Arrange

Part.5

撮影の最後にはインタビューを

Hair. 01

れーちゃんハーフツイン ～おしゃれver.～

れーちゃんと言えば！なハーフツインを、
雑誌撮影用におしゃれにアレンジ♡
結ぶ毛の量を少なめにすることで
カジュアルダウンされて、
可愛さもありつつやんちゃなムードも演出。

お決まりのハーフツイン、
アイドル全開の日は結ぶ
髪の量多め、おしゃれに
したい時は少なめに調
整しているのです♡

ハッピーオーラ全開。
キュートな表情を引き出す

ピンクストライプシャツ 8,990円／GYDA　イヤリング 330円／PARIS KID'S 原宿店

Front

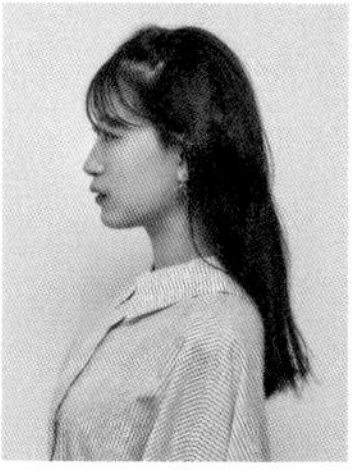

Side

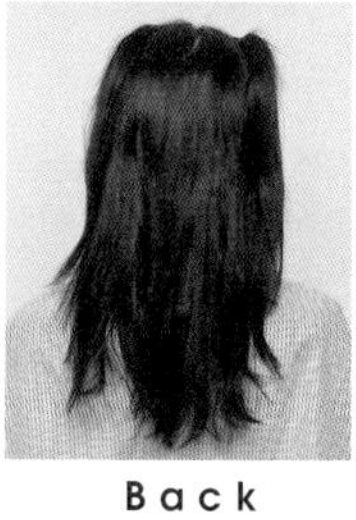

Back

{ HOW TO }

4 前髪にワックスをつけて束感を出す

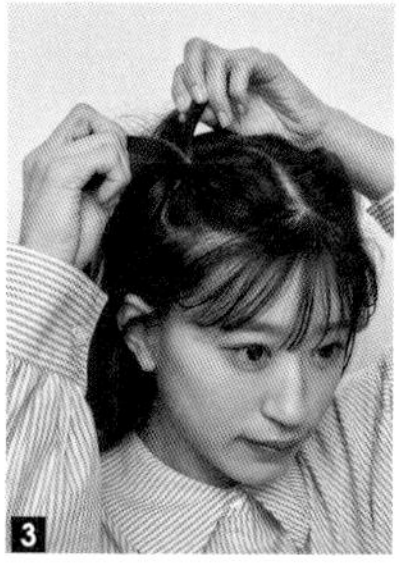

3 サイドの毛を少なめに取って結ぶ。結んだ束を上向きになるように引っ張り、ぴょんとなるように調整する

2 全体にワックスを揉み込む

1 全体をゆるくミックス巻きにする

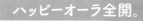

ポニーテールをするのは、
首元が詰まった服を着る
時と気合いを入れたい
時。やるぞー!って気持ち
になります。

思わず、きゅんっ♡
王道ヘアアレンジ

Hair. 02

テンションUP!
アクティブ高めポニー

アイドルの象徴とも言える"ポニーテールとシュシュ"。
束ねるだけで簡単なのに、
「高めの位置」と「くるりんS字もみあげ」の
2つのポイントさえ抑えれば一気にアイドル顔に!

Rei SITUATION / Hair Arrange

Front

Side

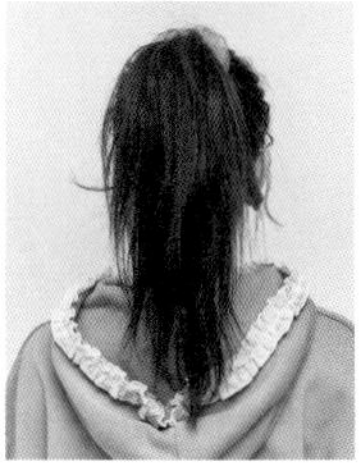

Back

フリルパーカー 9,350円/merry jenny　イヤリング 3,300円/アビステ　シュシュ/スタイリスト私物

{ HOW TO }

1 前髪を薄めに残して、後ろの毛を上に集める

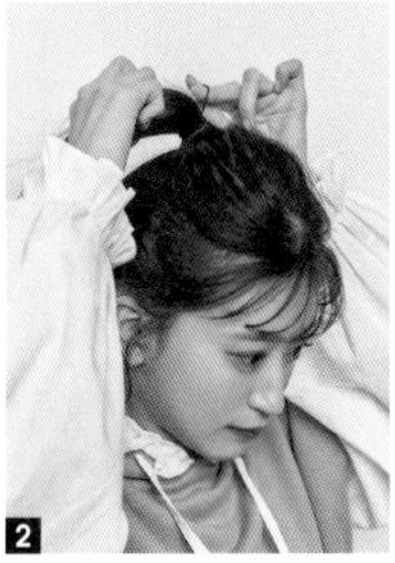

2 高い位置でポニーテールにする

3 もみあげの毛をS字になるように巻く

4 前髪ともみあげの毛にオイルをつける

たったこれだけなのに
可愛いが叶います

ホワイトリボンブラウス 9,900円／Darich　イヤリング 21,600円／
アビステ　バレッタ／スタイリスト私物

“撮影の時は、ヘアメイクさんから可愛いヘアアレンジやコスメを教えてもらうのが楽しみのひとつ”

Front

Side

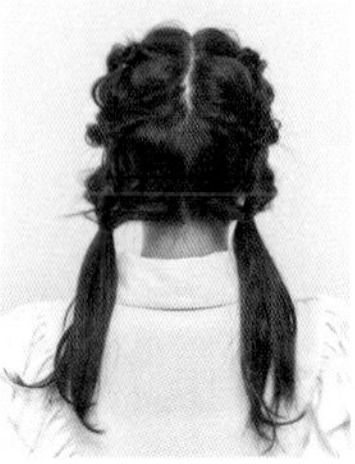

Back

Hair. 03

甘さ盛り盛り♡ くるりんぱツインテール

可愛さ100%の甘め衣装の日は、とことんガーリーなヘアスタイルがマッチ。 手が込んでいるように見えるけど、くるりんぱを3回繰り返すだけだから時間がない時もパパッとできちゃう！

HOW TO

1 全体をゆるくミックス巻きにする。毛先を外ハネにすることで可愛さUP！

2 全体にワックスを揉み込む

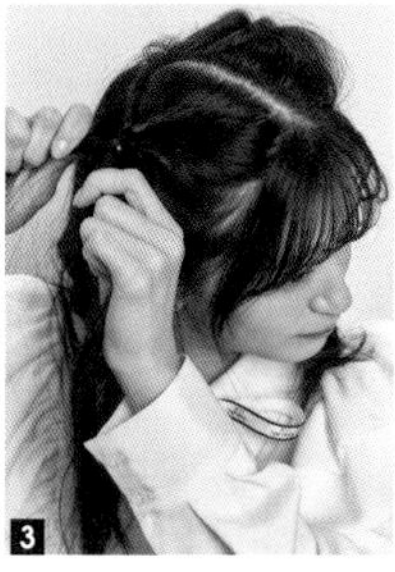

3 トップの毛を結んで、くるりんぱする

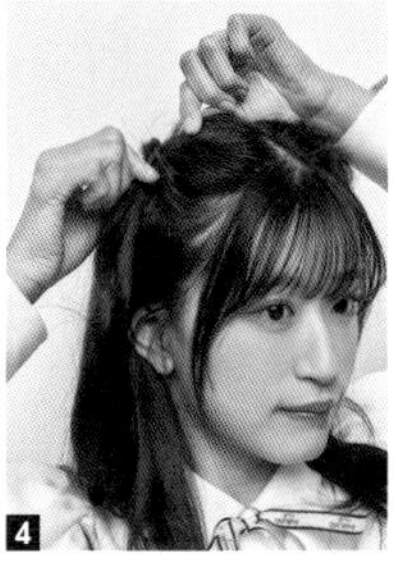

4 結んだ部分を手で押さえながら、表面の毛を引き出してふんわりさせる

5 結んだ部分を手で押さえながら、くるりんぱした部分を引き出してふんわりさせる

Hair. 03+Arrange

くるりんぱの数を増やすと手が込んでる感もマシマシ！

ガーリーでキュートな装いにぴったりなヘアアレンジ。
くるりんぱの数を増やすだけで、簡単にアレンジのバリエーションを増やせるので、服やシチュエーションに合わせて挑戦してみてね。

HOW TO

2 毛を引き出してふんわりさせ、バランスを調整する

1 もう二段くるりんぱをする。毛先を前から後ろに入れ込むようにすると、正面から見た時に可愛いバランスになる

+ Arrange

Front

Side

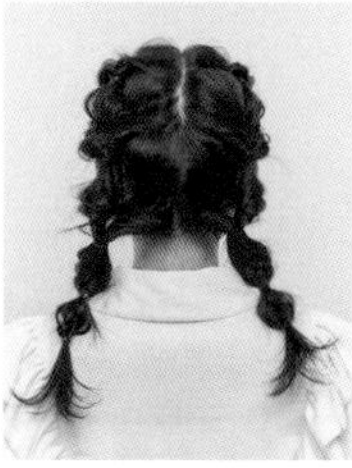

Back

テクいらずで真似できて大変身

結ぶ位置を変えるだけで
がらっと上品に

Hair. 04

大人な
小洒落ローポニー

前髪を流す&低めの位置で結ぶことで、一気に大人顔にシフト。こなれたアンニュイな雰囲気になるから、大きめリボンの甘い服とも好相性。こんな大人っぽれーちゃんはいかが?

ぱっつん前髪の方がステージ映えするけど、実は流すのも好き。いろんなスタイルを楽しみたいし、楽しんでもらいたい!

Front

Side

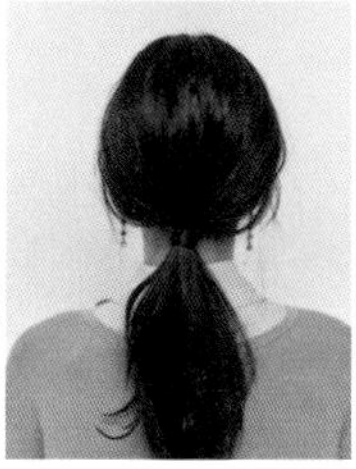

Back

{ HOW TO }

1
7:3の位置で前髪を分け、コテで根元を立ち上がらせる

2
もみあげの毛にワックスをつけてふんわりさせる

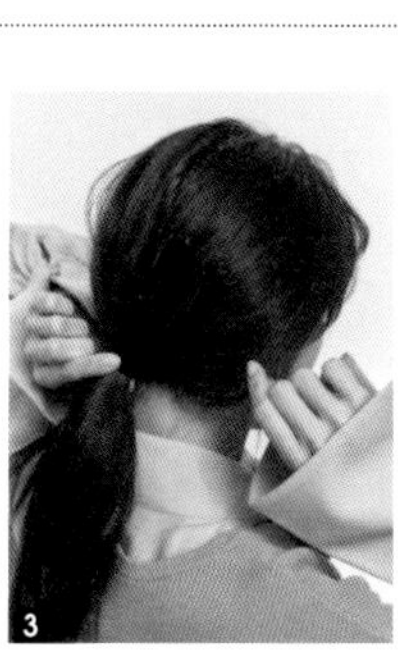

3
耳の上をかぶせるように後ろの毛を結び、耳まわりの毛を崩す

4
結んだ毛を少し取り、ゴムの上から巻きつけてピンで留め、ゴムを隠す

Front

Side

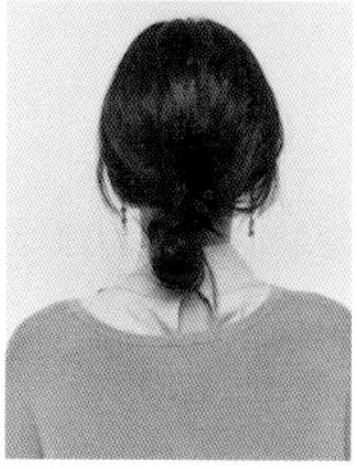

Back

自然体で抜け感のある
ヘアスタイルに

リボンシャツベストミニワン　ピース 12,100円／dazzlin　イヤリング 880円／PARIS KID'S 原宿店

Hair. 04 + Arrange

ローポニーをお団子にすると韓国っぽヘアに！

ローポニーから低めお団子にすることで今どき韓国っぽいガールに。甘めな大きなリボンの服もローポニーとはまた違ったトレンドをおさえつつ、より大人っぽい女性に変身。

+ Arrange

{ HOW TO }

3 結び目を押さえながら、毛を引き出してバランスを調整する

2 毛先を結び目に巻きつける

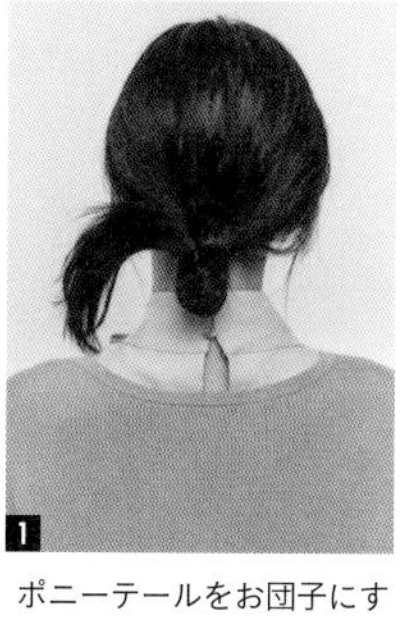

1 ポニーテールをお団子にする

Rei Situation Hair Arrange

Hair. 05

カチューシャ風ねじねじヘア

ねじってピンで留めるだけなのに、それだけでニュアンスのある技アリなスタイルに。ねじねじを顔の側面に作ることでカチューシャっぽくなって、気分は清楚な良い子ちゃん♡

デコルテが空いている服の日は、髪を下ろしてバランスを取ります。髪型は、その日着る洋服とのバランスで決めることが多いかな。

ヘアアクセがない!ってときも
これだけでOK

イエローワンピース 12,100円／リゼクシー
イヤリング 330円／PARIS KID'S 原宿店

Rei Situation Hair Arrange

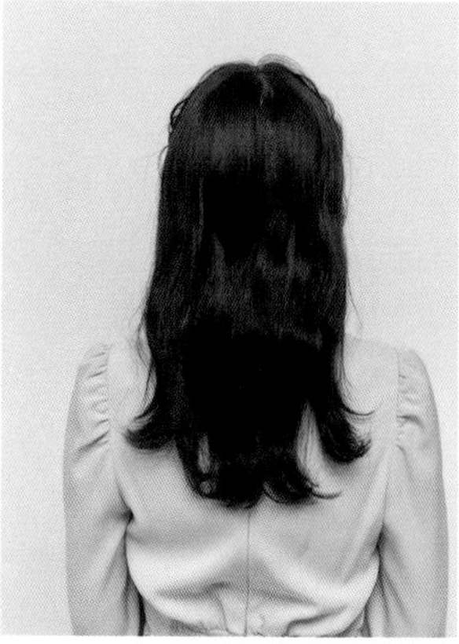

Back

Side

Front

サイドから見える
ねじりカチューシャが
可愛いよね♡

HOW TO

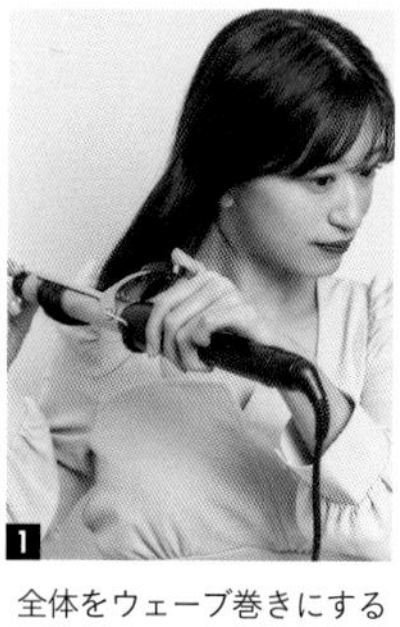

1 全体をウェーブ巻きにする

2 髪を整えるように、全体にワックスをつける

3 サイドの毛を取り、前向きにねじってピンで留める。これを2本繰り返す

4 ピンを押さえながら、毛を引き出してバランスを取る

5 前髪を7:3に分ける

大人れーちゃん

東京LOVERS

都会的でちょっと大人なファッションで身を包み、
東京の街並み×れーちゃんのコラボレーション撮りおろし。
上品で綺麗な表情とともにお届け。
あざと可愛さ全開の、今日は思い切り大人めデート！？
港区や品川区の隠れ家的スポットでしっとり大人ロケに挑戦！

Rei's ELEGANCE × MONOTONE STYLE

都会の時間に身を任せ
凛とした女性像を目指して

あどけなさと大人っぽさを
肌見せニットトップス

肩をチラリSEXY
リゼクシーのオープンショルダーニットなら
美白映え
6,600円

ホワイトオープンショルダーニット 6,600円、ブラックベルト付きスカート 9,350円／ともにリゼクシー　イヤリング 4,400円／アビステ　バッグ 4,950円／カシュカシュ（アンビリオン）

女らしいのにかっこいい
モードに色っぽくがテーマ

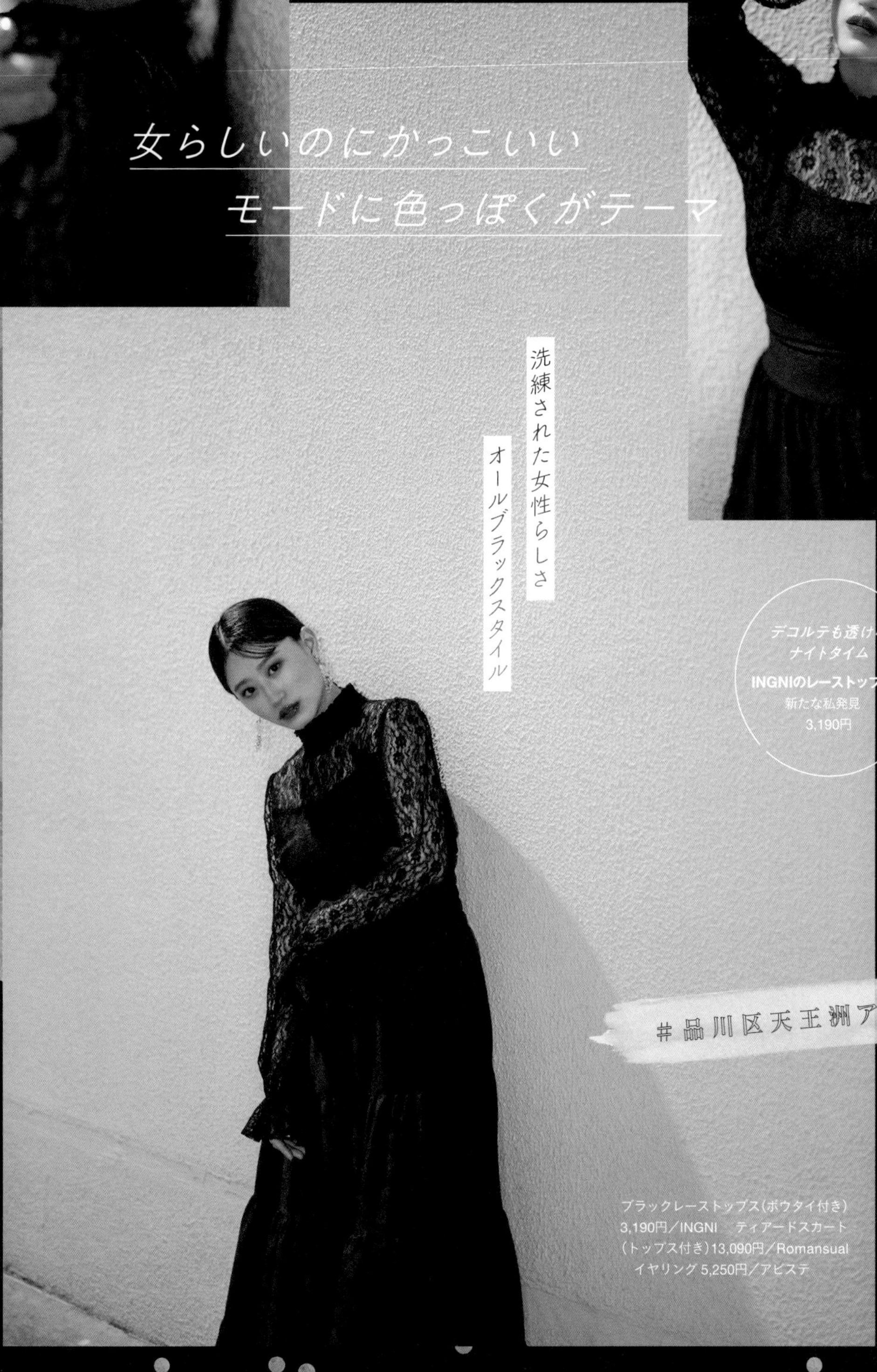

洗練された女性らしさ
オールブラックスタイル

デコルテも透ける
ナイトタイム
INGNIのレーストップスは
新たな私発見
3,190円

#品川区天王洲アイル

ブラックレーストップス（ボウタイ付き）
3,190円／INGNI　ティアードスカート
（トップス付き）13,090円／Romansual
イヤリング 5,250円／アビステ

今日は
どうしたの？
GYDAのトレンチコートの
絶妙すぎる丈のせい
16,990円

＃港区汐留シオサイト

レイヤードボウタイブラックニットワンピース 13,200円／dazzlin　カチューシャ 550円／PARIS KID'S 原宿店　バッグ 14,300円、サンダル 17,050円／ともにダイアナ（ダイアナ 銀座本店）　イヤリング スタイリスト私物

素敵な場所には素敵なお洋服で
おめかし上手なワンピースで

胸元の切り替えが
あざとさ100%
**dazzlinのレイヤード
ボウタイニットワンピ**
13,200円

ホワイトトレンチコート 16,900円、ミニワンピ 10,990円／ともにGYDA　バッグ 5,390円／カシュカシュ（アンビリオン）　サンダル 16,500円／ダイアナ（ダイアナ 銀座本店）　ヘアピン、イヤリング／スタイリスト私物

スタイリッシュに着飾る
ホワイトトレンチが主役

今日はちょっとおしゃれをして ショッピングがしたい気分

東京の夜景に浸りたい
きらびやかな空間と私

＃港区竹芝桟橋

春の夜風に吹かれて
カジュアルな
モノトーンコーデ

あれ、よく見ると
めっちゃ透けてるかも♡
GYDAのシアー
ドッキングシャツ
10,990円

ブラックシアードッキングシャツ 10,990円／GYDA　ミニスカパン 3,960円／INGNI　キャスケット 2,310円／スピンズ　イヤリング 7,700円／アビステ　バッグ 9,900円／カカトゥ(アンビリオン)

ROOM WEAR COLLECTION

うーん！今年っぽい！

— ヘルシーコーデ 1 —

ピンクニット × 白ショートパンツ

ねえねえ、お腹すいたー
何食べに行く？

れーちゃんと一緒

2023S/S

部屋着コレクション

ファッションモデルとして、グラビアモデルとして日々活躍しているれーちゃん。
部屋着でもOK, 近くのコンビニまでいけるようなルームウェア兼ワンマイルコーデを披露。
ちょっぴりセクシーだけど、とってもヘルシー！
男女ともに愛されるスタイルを見せてくれました。

最近筋トレにハマってるんだ。
腹筋しながら脚の運動っと

こんなピンクもありかも！
胸元がさりげにセクシー

元気いっぱい、ヘルシーに
美脚を披露するれーちゃんですが、
オフホワイトのショーパンや
スニーカーにサーモンピンクのニット。
この配色はオススメ。低身長でも
ショーパンが丈の割に重く見えず、
もっさりしないのもいい。
軽く高い位置でラフにまとめた
ポニテも高得点です。

外に出るのやめよっかなー。
おうちでまったりするのも
いーかもね

じゃあ、今日は
私ごはん作ろうかなー

ピンクニット 9,350円／Darich　ショートパンツ 8,800円／merry jenny　ヘアリボン、イヤリング、リング、スニーカー／スタイリスト私物

ROOM WEAR
COLLECTION
いい匂いする？
それってボディクリームかも。
最近変えたんだよね

露出度も高い身近ショート丈

— ヘルシーコーデ 2 —

カチューシャ
×
黒トップス
×
チュールパンツ

ねー、ねーゲームしようよ
約束したじゃん

肌見せの部位が胸元とか
1点集中しないほうが◎

おでこ見せからの首元の露出、
そしてお腹のチラ見せ……
全身のバランスもよく見える
究極のスタイルアップな部屋着です。
ワンマイルでもお部屋でも
カチューシャなどヘアアクセには
手を抜かない。
一瞬で可愛くちゃんとした感に
変身できる魔法の小物です。

今日ちょっとセクシーじゃない？
チュールパンツって可愛いよね？

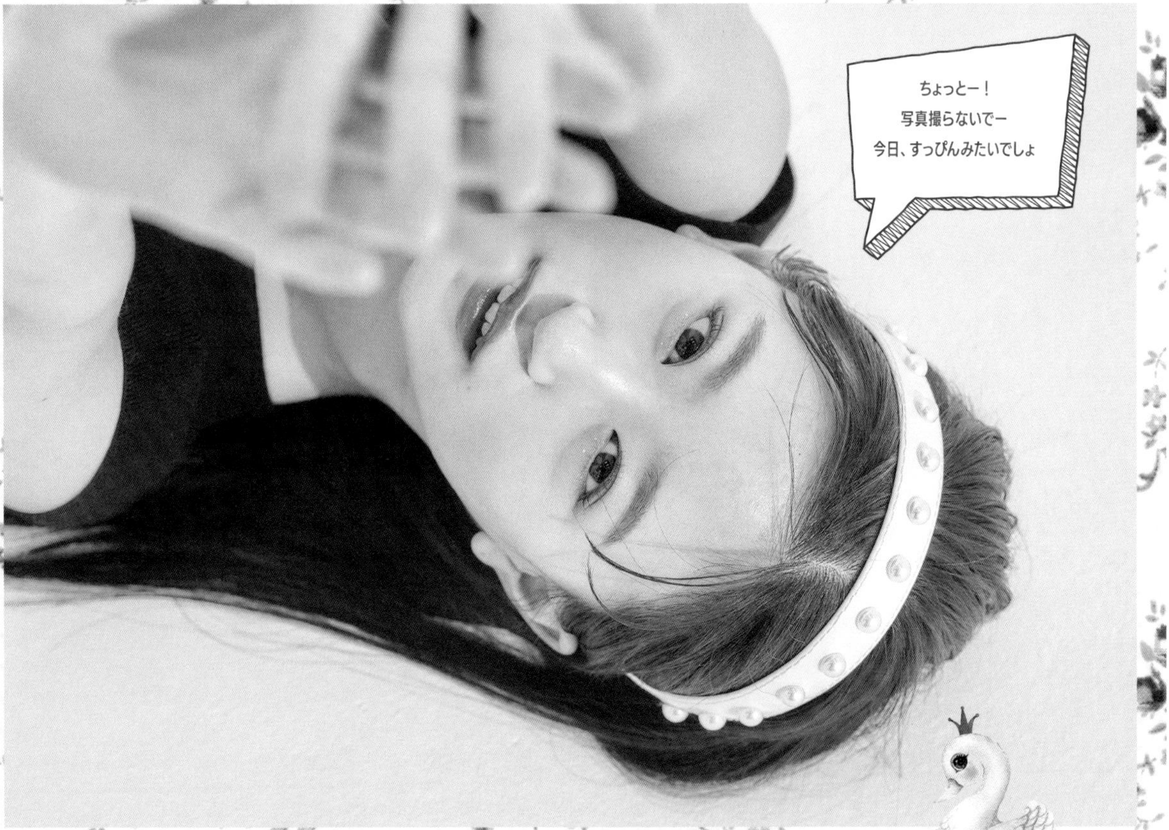
ちょっとー！
写真撮らないでー
今日、すっぴんみたいでしょ

ブラックトップス 5,990円／GYDA　カチューシャ 3,000円／Mel cinna　チュールパンツ／スタイリスト私物

後ろから見てほしいワンピです

— ヘルシーコーデ 3 —

ヘアピン
×
大胆ワンピース

おうちでしてそうなヘアピンと
ボディコンシャスなワンピのギャップ

ROOM
WEAR
COLLECTION

グリーンワンピース 9,990円／GYDA　ヘアピン／スタイスト私物

ボディラインがくっきり&背中見せ

アイドルは必ず前髪見せるけど、
オフの時間はこんな雰囲気です。
ピンで止めるだけ。
ボディコンシャスなグリーンのワンピは
素材も柔らかいけど、
体型キープをしなきゃ!って思わせるアイテム。
胸元も背中もさりげなく開いているから、
隠しきれません。

360度、どこから見ても
エロ可愛さをさりげに
アピールしてる服かも

Sweet Sickな甘々ロマンティックスタイル

大人になっても
可愛いはやっぱり大好き。
「普段からコスプレも好きで
可愛いものが好きなんです」と
話してくれたれーちゃんが
とびきりガーリーで
フェミニンなビジュアルを表現。

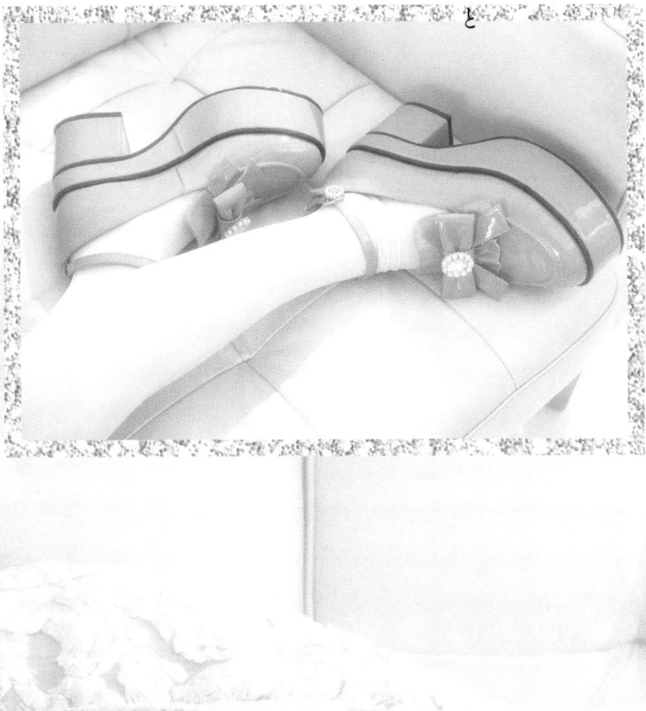

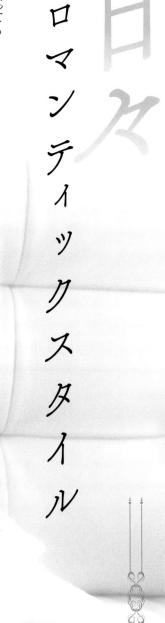

ピンクブルゾン 19,800円、スカパン 10,780円、チョーカー 3,850円、シューズ 14,300円／以上Ank Rouge　カチューシャ 1,100円、イヤリング 550円／ともにPARIS KID'S 原宿店　リング 11,000円／アビステ　ソックス／スタイリスト私物

私の心を満たす
リボンと
レース散りばめて

ガーリーなアイテムといえばリボンとレース。
大胆なリボンカチューシャがキュートで視線集中。
幾つになっても少女になれるものをふんだんに盛り込んだスタイルで。

ガーリーな装いで夢見る少女まっしぐらに突き進め

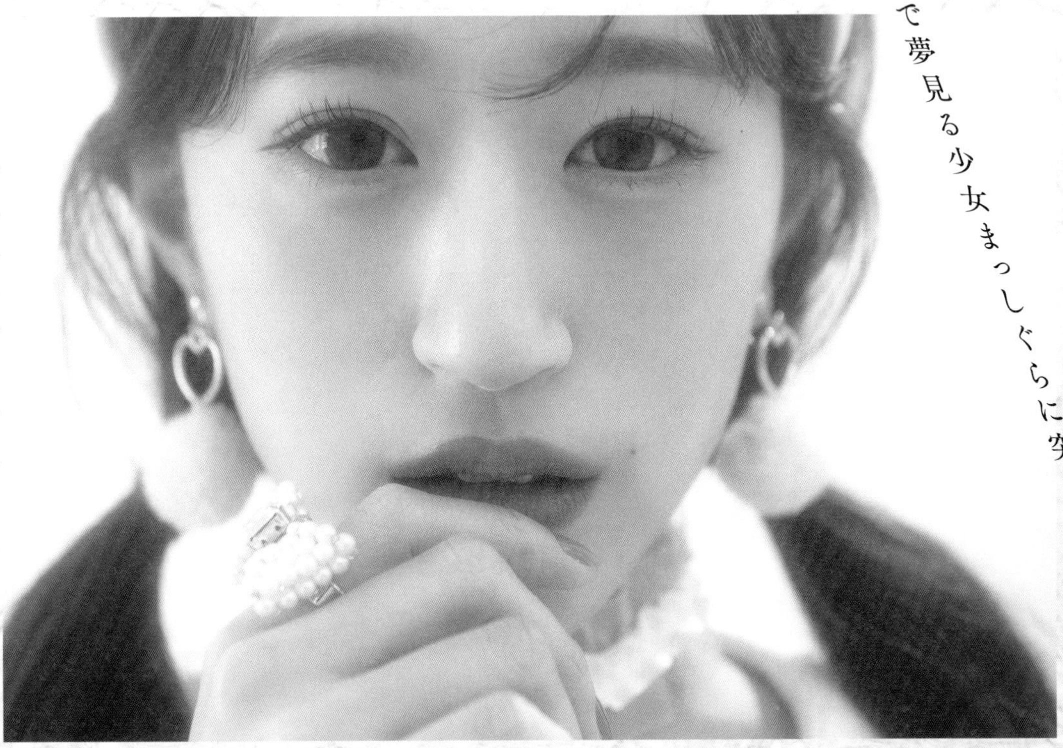

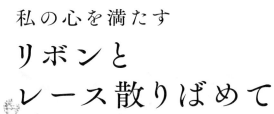

可憐で優雅なプリンセス
ベールとキラキラでムーディーに

女の子なら誰もが一度は憧れるお姫様。
ベールに包まれた純な装いは抱きしめたくなるような愛らしさ。
手元のもこもこグローブにはキラキラで抜かりなく着飾って。

純白なミュールよ、
私を素敵な場所へ
連れて行って

ブルーワンピース 13,200円、ブラックチョーカートップス 8,690円、バッグ 11,000円／以上Ank Rouge　イヤリング 21,600円、グローブ 9,720円／ともにアビステ　レースソックス 879円／WEGO　ミュール 18,150円／ダイアナ（ダイアナ 銀座本店）　ビーズ付きベール 550円／PARIS KID'S 原宿店
シンプルベール／スタイリスト私物

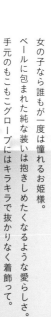

品のあるものを身に纏う

チュールとフリルの魅力に沼ってみた

カチューシャもスカートもチュールとフリルの素材を
ふんだんにあしらったものを。
落ち着いた色合いはおしとやかで
ゆったりと落ち着いた女の子の憧れる女の子に。

ホワイトブラウス 10,780円／Ank Rouge　チュールフリルスカート 6,599円／W♥C　ネックレス 39,900円／アビステ　パンプス 18,700円／ダイアナ（ダイアナ 銀座本店）　ヘアアクセ、ソックス／スタイリスト私物

ふわふわ、フリフリで美しい淑女の誕生

イノセントワールドに存在する うさぎカチューシャで扮装

大胆なカチューシャは私のなりたいを叶える。甘々なブラウスにスカート、フェイスに散りばめたパールがよりイノセントな世界に誘います。

真っ白な世界に迷い込んでしまった
うさぎちゃん、どこへ向かうの？

ブラックブラウス、スカート 各10,780円、シューズ 13,200円／以上Ank Rouge　ウサ耳カチューシャ 660円、イヤリング 1,650円／ともにPARIS KID'S 原宿店　ファーソックス 1,429円／W♥C

アイドルは忙しい★でも可愛くなくっちゃアイドルじゃない!

自分メイクのヒミツをスクープ

最速30分!セルフメイク

ザ・アイドルれーちゃんのいつもの自分メイク現場を再現!
ベース、アイメイク、リップと基本のキから
自メイクを実際に地元大阪でやってもらいました。
使用しているレギュラーコスメ&スキンケアアイテムもまるっとご紹介。

Start!

時間がない時でも欠かさず毎日やっています

01
愛用の電気ブラシでお肌を整えます

朝起きて、まずは洗顔。化粧のりも良くなるようにパックをして、化粧水、乳液、美容液の順番でやっていきます。この電気ブラシはヘアメイクさんが持っていたものですごくよかったので、同じものをそのあと購入しました。

アイボリーパーカー 11,000円／Darich
ヘアピン／スタイリスト私物

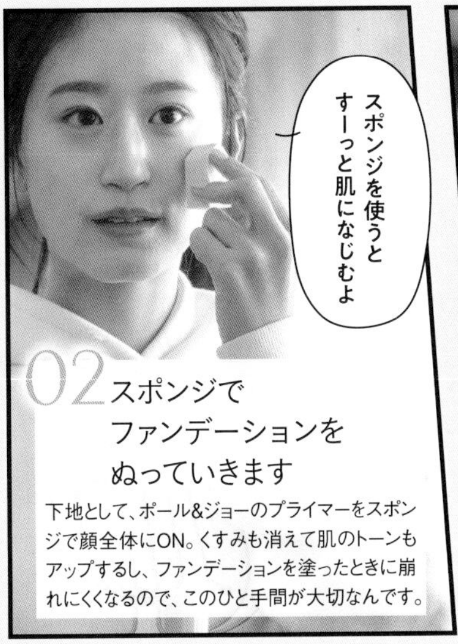
スポンジを使うとすーっと肌になじむよ

02
スポンジでファンデーションをぬっていきます

下地として、ポール&ジョーのプライマーをスポンジで顔全体にON。くすみも消えて肌のトーンもアップするし、ファンデーションを塗ったときに崩れにくくなるので、このひと手間が大切なんです。

ムラのないきれいな仕上がりの肌に

03
うすーくブラシで伸ばすように。ファンデーションをぬっていきます

ディオールのファンデーションを両頬、額、顎の5点にのせて、ブラシで顔の中心から外側に伸ばしていきます。ブラシにしたことで、塗りすぎた!ってことが減った気がします。使う前よりも自然にナチュラルで毛穴オフなお肌になれたかなと思います。

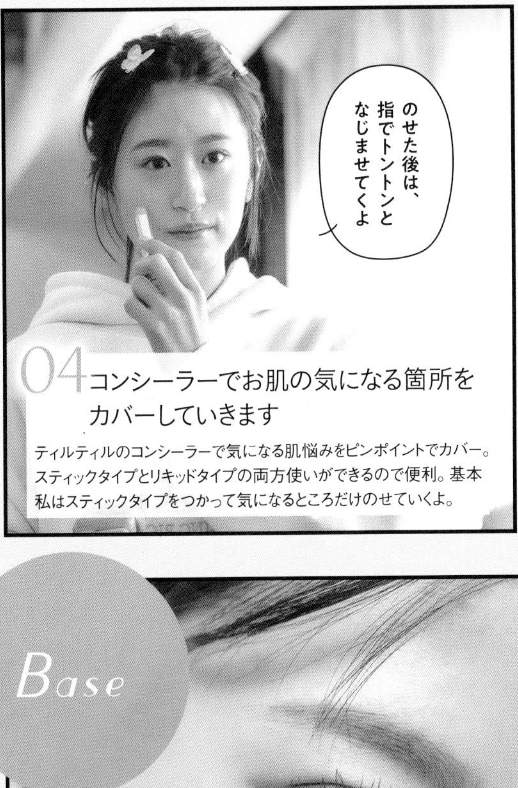
のせた後は、指でトントンとなじませてくよ

04
コンシーラーでお肌の気になる箇所をカバーしていきます

ティルティルのコンシーラーで気になる肌悩みをピンポイントでカバー。スティックタイプとリキッドタイプの両方使いができるので便利。基本私はスティックタイプをつかって気になるところだけのせていくよ。

Base

しっかりカバーされた、
自然なツヤ肌の完成!

ここまでのれーちゃんフェイスを
Zoom in!

絶妙カラーで使い心地もよくてリピ確定！

01 アールエムケーのアイパレットで目元のベースを作っていきます

パレットの☆アイホール全体に。ベージュカラーが目元の印象を明るくしてくれます。そして♡を二重幅よりちょっと越えるくらいまでおきます。あたたかみのあるオレンジが絶妙で最近はここばかり使っています。

ぽわっとオレンジブラウンな目元が今の気分♪

02 ナチュラルだけど印象が変わる華やぐ目元づくりをしていきます

01と同様にアールエムケーのパレットを使っていきます。締め色な◇を目尻の下にON。ここにおくだけで、目元がぐんと引き締まった印象で大人っぽく少しセクシーな目元になります。つぎに、♤のアプリコットカラーを涙袋との相性がいいんです。うすくのせてほんのり色づく程度に。

アイシャドウブラシで少量をぽんっと置くイメージ
BROWN CHOUX
CLIO

03 ステージ映えなラメアイシャドウの置き方を教えます

クリオのアイシャドウパレット02は使いやすい色味が多くてお気に入り。特にポイントとして使っているのが☆のラメ。このラメを目頭のくぼみに入れるんです。細かいラメが証明にあたってみるとキラキラと光って可愛いいんですよ。

王道に可愛い目元はたれ目で決まり！

04 可愛い目元づくりはアイラインの引き方にヒミツがあります

目じり側をやや下げ気味にひくと、たれ目風に。目じりから5mmくらい、二重幅よりもちょっとはみ出すくらいのイメージです。あと引くときのポイントは黒目の上を少し太く引くようにするとより目力アップ効果も。

Eye Make

マスカラで上向きカールでしっかりまつ毛にボリュームを。
涙袋はやりすぎず、細かなラメを自然とのせるだけ。
アイラインは二重幅よりちょっとはみ出すくらいがれーちゃん流。

ステージでは目力重視でつくっています！

05 上向きまつげで気分もあげていきます

まつ毛がうまく上がってないとちょっと気分的にも下がっちゃうなって思うので、結構まつ毛は大事な存在なんです！ マスカラをまつ毛の根元で押し当て、毛先に向けて塗っていきます。根本からぐんっと伸ばすようにつけて上向きでボリュームのあるまつ毛を作っていきます。

ハイライトを使ってから
透明感がアップした
気がします

01 ビーアイドル アイパレットで ハイライトをいれていきます

ビーアイドル アイパレット☆を鼻筋と頬の高い位置にON。そして、♡を目じり側の骨部分にちょんちょんとのせるのがポイント。肌のトーンもあがるし、立体感がでてメリハリのある顔立ちになってきます。

じゅわっと
にじみ出るような
血色感をだしていくよ

02 チークは小顔効果をねらって 横長にを意識しています

チークは目から口までの距離の真ん中あたりに横長に逆三角形を描きながらくるくるっと入れていきます。この塗り方をヘアメイクさんにやってもらったとき、なんとなく小顔にみえるかもとおもってマネしています。

ティントなので
一日中キープ！

03 ロムアンドのジューシーティント 08で 春色な口元にしていきます

無印のリップクリームと塗ってから、唇の中央にのせて、少し時間をおいてから指か綿棒でトントンととぼかして自然なリップカラーに。ティントなので、落ちにくくて重宝しています。どの季節にも合うけどこの春はとくに大活躍しそうな予感です。

うるうるぷるぷるな
唇で女子力アップ♡

04 ロムアンド グロスカラー 00で 色っぽセクシーな口元に

リップカラーを塗ってからしあげにぬるのがこのグロス。ラメが入っているけどそこまで主張もないので、どんなリップとも組み合わせられるのがいいですね。べたつきもあんまりなくてスーッと唇になじむので気持ちがいいです。

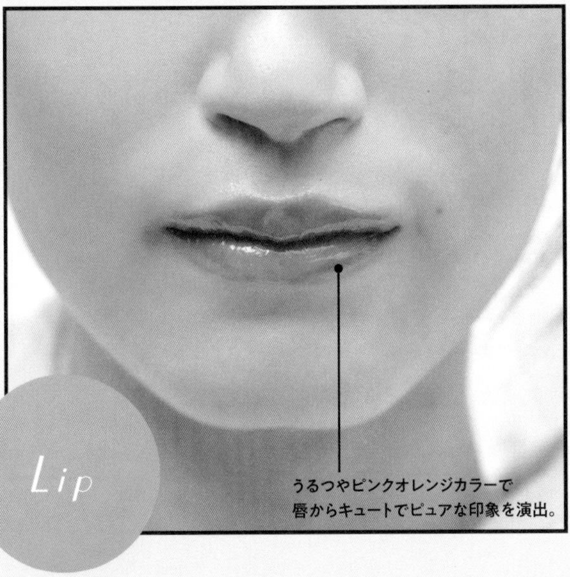

Lip

うるつやピンクオレンジカラーで
唇からキュートでピュアな印象を演出。

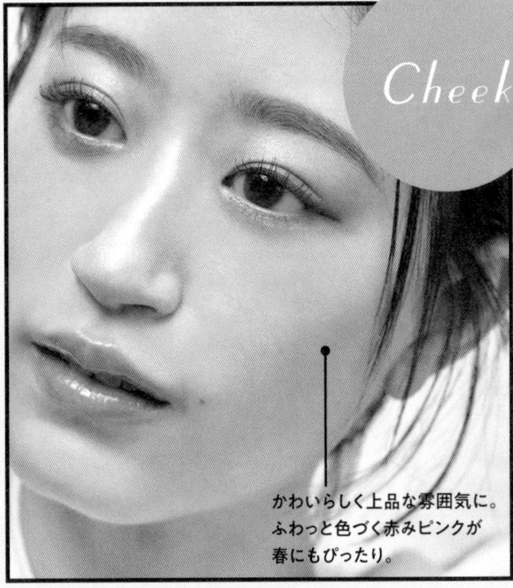

Cheek

かわいらしく上品な雰囲気に。
ふわっと色づく赤みピンクが
春にもぴったり。

Finish!

とことんナチュラル。とびっきり可愛い愛され顔に♡

ハート刺繍スエット 4,399円／WEGO
ヘアピン／スタイリスト私物

ナチュうぶ♡

アイドルフェイス

お肌はちゅるっと透明感を大事にして、
アイメイクもリップもナチュラルなピンクメイクを基本にが
れーちゃんアイドルフェイスの作り方。

「自分メイクで特に大切にしているのはベースづくりと目元のメイクですね。最近はファンデーションに凝っています。つけるときも付属のものを使ってましたが最近はスポンジで。アイシャドウはブラウンやピンク系が多めです」

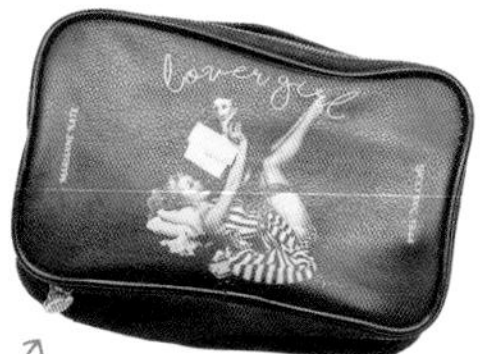

お姉ちゃんにもらってから
ずっと使っている
お気に入りのポーチです。

A.スポンジで薄づきさせるほうがいい気がして使っています。セイワプロ たくさん入ってお得!ボリュームメイクアップスポンジ　B.リキッドとスティックが1本で使えて便利。ティルティル マスクフィット オールカバー コンシーラー 01　C.ライブでも汗とかで落ちにくくて、ずっと愛用中。ヒロインメイク ボリューム＆カールマスカラ アドバンストフィルム 01　D.唇は絶対乾燥させたくないので毎日持ち歩いてます。無印良品 リップエッセンス リップクリーム イエロー　E.二重を自然にくっきりみせたいときに。目力アップします。セザンヌ 描くふたえアイライナー 02　F.赤みなブラウンが濃すぎな目元にならなくてちょうどいい。ヒロインメイク スムースリキッドアイライナー スーパーキープ 02　G.最近はファンデーションを重ね付けするときにブラシを使っています。　H.アイシャドウがきれいにのせられます。ビーアイドル アイブラシ W　I.アイシャドウや涙袋メイクをするときに使っています。ロージーローザ ポイントメイクアップブラシセット　J.くずれにくくて、1日中カバーされている感じがするんです。ディオール スキン フォーエヴァー フルロイド グロウ ON　K.ファンデーションの前の下地として大活躍！　ポール＆ジョー モイスチュアライジング ファンデーション プライマー 01　L.どんなメイクにも基本合うのでいつも必ず持ち歩いてます。ビーアイドル ザ アイパレ 104　M.発色がいいけど、自然に肌になじんでくれます。ちふれ化粧品 パウダー チーク 542　N.色もラメもしっかり目元に密着してくれます。クリオ プロ アイ パレット #02　O.入っている色がどれも可愛くて、パッケージもおしゃれ♡　アールエムケー ウォーム メモリーズ アイシャドウパレット　P.パウダーの粉吹き感がなくって肌にフィットしてくれます。スリーアドバンスドエシリアルスムースオペレーター ルースパウダー 01

れーちゃん
アイドルフェイス
のヒミツ

レギュラーコスメ＆スキンケア
アイテム大集合

今回、自メイクでも使用してるアイテムたちを一挙大公開！
いつも持ち歩いてるコスメから毎朝欠かせないスキンケアアイテムまでご紹介していきます。

「毎日使うものだからこそ自分のお肌に合ったものをセレクト。一度、いいなとおもったものはとことん使い切っていきますね。新作のものもちょこちょこっと使いながら、基本はいつものものを、特別な日にはちょっと良いパックを使ったり」

これもお姉ちゃんからのもらい物。
大きめのものを持っていく遠征のときにも
サイズがちょうどいいんです。

A.メイク前にしっかり保湿。ビーアイドル ルーティンマスク 01　B.フェイスラインがすっきりして、メイクをするのが楽しくなります。ミーゼ スカルプリフト アクティブ プラス　C.べたつかない使い心地で気に入っています。アールエムケー Wトリートメントオイル　D.リピートしています。毎日必ず使うからお肌に合ったものを。ロート製薬 メラノCC しみ対策 美白化粧水 しっとりタイプ　E.冬の乾燥した肌もしっかりうるおしてくれます。ロート製薬 メラノCC しみ対策 美白乳液　F.洗い心地がよくて、もちもちっとしたお肌に。ちふれ化粧品 泡洗顔

大阪 カラフルLOVERS

いつもとちょっと違う？

アイドル活動の本拠地大阪で撮影を決行。
いつも見ている街並みだけど
普段とはちょっと違うクセありコーデ。
いざ、カラフルスタイルに挑戦っ！

RED

テンションもアゲな情熱カラー

ビビッドな赤でアクティブガールに変身

nice

DOTONBORI
道頓堀
LOVE

#道頓堀ネオンアーケード

handsome

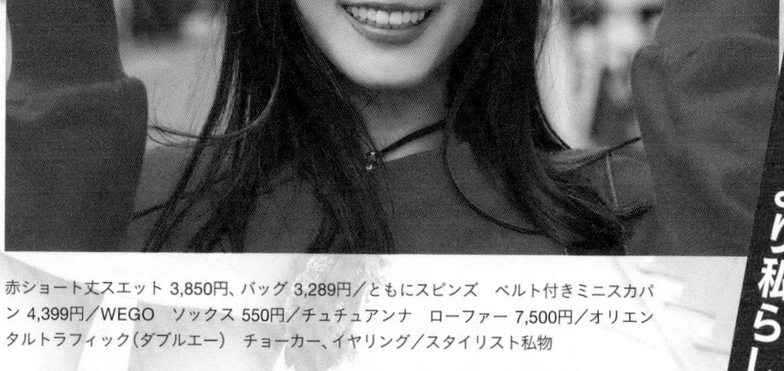

盛りすぎずナチュラルな
メイクでより私らしく

赤ショート丈スエット 3,850円、バッグ 3,289円／ともにスピンズ　ベルト付きミニスカバン 4,399円／WEGO　ソックス 550円／チュチュアンナ　ローファー 7,500円／オリエンタルトラフィック（ダブルエー）　チョーカー、イヤリング／スタイリスト私物

レトロでおしゃな緑のセットアップがリバイバル中

ポイントのヘアアクセが新しい表情を
引き出してくれるんです

グリーンチェックジャケット 16,500円、ブラウス、スカート 各10,780円／以上 Jamieエーエヌケー　カチューシャ 1,100円／PARIS KID'S 原宿店　イヤリング 7,140円／アビステ　バッグ 2,750円／スピンズ　ブーツ 6,599円／WEGO

ニュートラルでどこか落ち着く新鮮カラー

GREEN

#アメリカ村ストリート

ORANGE　ハッピーオーラ満開で元気みなぎる

視線を独り占め。

ホイップ・アラモードカーディガン 38,280円、トップス15,400円、リング 9,240円／以上MILK　オレンジパンツ 3,999円／W♥C　バッグ 6,600円／カカトゥ（アンビリオン）　サボ 8,500円／オリエンタルトラフィック（ダブルエー）　ヘアピン、イヤリング／スタイリスト私物

オレンジのパンツを主役に

WOW!

大阪といえばやっぱりたこ焼き！

私も大好き♡

#道頓堀　日本橋

BLUE

鮮やかに街に溶け込む

ストリートスタイルに

hi!

アメ村久しぶりに来た！　懐かしいっ

このりんご飴、いろんな色があるんです

ブルーハーフジップスエット3,960円／INGNI　ショートパンツ3,299円／WEGO　ニット帽8,360円／CA4LA（CA4LAプレスルーム）　サングラス880円／PARIS KID'S原宿店　バッグ8,250円／カカトゥ（アンビリオン）　スニーカー8,800円／オーアールティーアール（ダブルエー）

good vibes
good vibes
good vibes
COOL

白肌になじむ青で凛とした

#アメリカ村　三角公園

“これまでのれーちゃん、
これからのれーちゃん。”

Rei INTERVIEW

2016年6月28日に、NMB48の研究生として
劇場デビューしたれーちゃん。
“正統派美少女アイドル”として様々な公演で
センターを務めるなど、順風満帆に見えるれーちゃんにも
これまでいろんな紆余曲折があったモヨウ。
かけがえのない存在である姉の恵さんや
「LAPIS ARCH」のメンバーのこと、
そして掴んだモデルという夢についてなど、
れーちゃんの軌跡を辿るスペシャルインタビューをお届け。

悔しくて泣いて、気が済んだら「やらないと」って燃えてその繰り返しでした

Rei Interview

私と恋和だけ落ち続けた「前座ガールズ」オーディション

――NMB48に加入してからこれまでの、れーちゃんのことを教えてください！

怜　2016年6月28日に、5期メンバーのお披露目で劇場デビューをさせてもらいました。その後に、劇場公演の前にパフォーマンスするメンバーを選ぶ「前座ガールズ」のオーディションを5期生みんなで受けたんですが、私と梅山恋和ちゃんの2人だけが最後まで選ばれなくて。いつも2人で号泣して、周りのみんなに慰めてもらっていました。最初に合格したメンバーから1ヶ月遅れでやっと合格して、そこで正式に劇場デビューすることができました。

――その頃の気持ちは？

怜　もう……必死でしたね（笑）。当時グループに在籍していたお姉ちゃんにもいっぱい支えてもらいました。お姉ちゃんが踊った動画を送ってくれたり、目線の使い方を教えてくれたり、ダメ出しをくれたり、たくさんサポートしてくれました。

――その甲斐もあって合格して。

怜　なんとか……（笑）。それと同じ時期に、5期生とドラフト2期生混合の研究生公演をすることになったんですよ。選抜された12人のうちに私も入ってはいたんですが、12人の中で一番最後に入っていたんですね。嬉しかったけど、「上西恵の妹やから」選ばれたんだろうなって思いました。これは実力への評価じゃなく、これからの期待枠だろうなって。そう思うと悔しかったし、何もできない自分が嫌でした。

――最初は色々と苦い思いもされたんですね。

怜　自分の実力不足だったんですけどね！でも、それ以上に恵まれていたなって思います。5期生って、NMB48としてすごく久々のオーディションで加入したんですよ。その分期待値も高かったみたいで、NMB48のMVが詰まったDVDのカバーを、まだ何も参加していない5期生で飾らせてもらったりしました。あと、お姉ちゃんの卒業のタイミングでリリースした『サササ サイコー！』って曲や『まさかシンガポール』というアルバム曲に参加させてもらって、貴重な経験をたくさんさせてもらいました。

――当時は楽しいと辛い、どっちの気持ちの方が大きかったですか？

怜　うーん…。嬉しいし楽しかったけど、その時点で既に、同期の中でかなり差ができていたんですね。特に山本彩加ちゃんはすぐに昇格して選抜メンバーに入って、先輩とのお仕事やチーム公演もしていたので、どんどん前に進んでいってしまう背中を見てすごく悔しかったです。私は悔しい時とにかく泣いて、

「あの二人の近くにもいけないんや」って完璧に心が折れてしまいました。

気が済んだら「やらないと」って燃えるタイプで、当時はその繰り返しでした。

お姉ちゃんがいなかったらここまで続けられていないなって

——その後の流れは？

怜　「チームBⅡ」付きの研究生としての公演が始まりました。ありがたいことに、その研究生チームの中で私だけ公演初日に出させていただけることになったんです。すごく嬉しかったけど、先輩たちの振り入れについていくのにすごく苦労して……大変でした！（笑）でも、当時のキャプテンの久代梨奈さんがすごく気に掛けてくださっていたので、なんとか食らいついていった感じです。研究生を1年経験して、２０１７年にチームメンバーに昇格しました！

——昇格した時の気持ちは？

怜　めちゃめちゃ嬉しかったです！周年ライブの最後にNMB48の支配人から発表されたんですが、名前を呼ばれたのが一番最初だったのものすごく嬉しくて！あーやん（山本彩加）以外の5期メンバーは全員その時昇格して、みんな大号泣でした（笑）。

——その時、恵さんに報告は？

怜　すぐにしました！そしたら、「良かったね！でも、研究生だから目立っていたところもあると思うから、これからもっと頑張れ！」って。お姉ちゃんって、普段はご飯に連れていってくれたり甘やかしてくれるんですけど、NMB48のことに関してはすごくストイックなんです。「自信がなくても、ステージの上でだけは自信を持ちなさい」というお姉ちゃんの言葉は、大事な時や緊張しちゃう時にいつも思い出しています。お姉ちゃんがいなかったらここまで続けられていないなって思うくらい、大きな存在です。

——素敵な関係性ですね。

怜　はい！その後『ワロタピーポー』でシングル初選抜されて、それからはずっと選抜に入らせてもらっています。同じ頃にアジアツアーにも行かせていただき、２０１８年の10回目の総選挙では、世界の48グループで98位にランクインさせてもらいました。選抜に入り、チームメンバーにも昇格して自信がついてきた頃だったので、めっちゃ生意気なんですけどすごく悔しくて！「フューチャーガールズ」（49〜64位）を狙っていた分、悔しさで泣きながらステージに立っていました。

——加入して2年で、心境にも大きく変化があったんですね。

怜　いつの間にか自覚が芽生えていたのかもしれないです。その後、山本彩さん卒業のタイミングで、同期の小嶋花梨ちゃんがNMB48のキャプテンになりました。チームBⅡは花梨ちゃんを筆頭に、センターにあーやん、そして（梅山）恋和と私がいる次世代チームとして活動していました。そして２０１９年12月に、あーやんと恋和と3人で、「ＬＡＰＩＳ ＡＲＣＨ」を結成しました。

同期2人のすごさに諦めモードになりました（笑）

——ユニット結成を聞いた時の率直な気持

ちは？

怜　「そんなんできるん？」って（笑）。「この3人でできるか？」というのもあるし、「こんなにすごい2人と一緒で、自分大丈夫か？」って気持ちも……。それまでは、あーやんと恋和が次世代メンバーとして番組などに呼ばれることが多かったんですね。そこに私が入ったら二人と比べられるし、嬉しいけど複雑だなって……。

――2人の「すごいな」と感じるポイントは？

怜　まずあーやんは、ダンスも歌もお話も加入当初から上手くて、何をしても完璧なんです。恋和もダンスが上手くて、何を振っても面白く返せるNMB48らしい子です。

――そんな二人と活動していかがでしたか？

怜　一番ダメだと思うんですけど、諦めにかかっていました（笑）。近くにいたからこそ凄さをまざまざと感じて、「この2人には敵わないや」って。

――きっかけがあったんですか？

怜　ユニット結成の2～3ヶ月後に『だってだってだって』という楽曲をNMB48がリリースしたんですが、その曲であーやんと恋和がダブルセンターをしていたんですね。私は8番手で、ちょうど真ん中くらい。「あの二人の近くにも行けへんのや」って、完璧に心が折れてしまいました。グループに入って、一番キツイ時期だったかもしれません。

――そうだったんですね。

怜　でもその時、先輩の渋谷凪咲さんが長文LINEをくれたんです。「大丈夫やから。凪咲やファンの方が好きなれーちゃんを、れーちゃん自身が好きでいてあげて」というようなメッセージをくださって……。他の先輩方も本当に優しくしてくださって、存在に支えてられました。

実は一度卒業を考えていたこともあります

――そこから徐々に気持ちも変わって？

怜　それもあったし、1st写真集が決まって、撮影をした頃から徐々に元気になってきました。それまでは自分自身のことで精一杯だったけど、その辺りから周りのスタッフさんやメンバーの優しさを受け取れるようになって、それが大きかったと思います。

――撮影は2020年8月頃だったとか？

怜　はい、ちょうどコロナ禍でしたね。実はその頃卒業しようと思っていて、一度マネージャーさんに相談していたんです。とにかく現状から逃げたかったし、念願の写真集も決まっていたのでもういいかな……って。でも撮影が進むにつれ、「こんな自分勝手な気持ちじゃなく、ちゃんと恩返ししてから辞めないと」と思うようになって。同期の小嶋花梨ちゃんと水田詩織ちゃんに「やっぱ辞めたくないいい～」って泣きながら言いにいって、卒業撤回しました（笑）。

――そこから徐々に立ち直ったんですね。

怜　立ち直ったし、センターを目指すようにもなりました！　LAPISであーやんと恋和と活動して、「私はセンターよりも脇で支えるのが向いてる」って思ったんですよ。でも2021年にあったNAMBATTLEで、「FRONTIER」というチームで初センターを経験して、「やっぱりセンターって楽しい！」って思ったんです。引っ張っていくのも、緊張すら楽しくて、私も一番を目指したいなって。NAMBATTLE自体は、3回のバトル全てで最下位になってしまったんですけど、個人的にはセンターを経験したことですごく自信がつきました。

Rei Inter view

Rei INTERVIEW

――そうだったんですね。

怜　その後、白間美瑠さんの最後のシングル曲『シダレヤナギ』で3番手になり、初のフロントメンバーになって、美瑠さんの卒業コンサートでセンター宣言をしました。大きなステージで宣言するのは怖かったけど、「言うならここしかない、今言えなかったら止まっちゃう」と思ったので、勇気を振り絞りました。その後『大阪魂、捨てたらあかん』公演で初の公演センターを、2022年1月1日にリリースされた『恋と愛のその間には』では、恋和と二人でシングル初センターを務めさせてもらいました。

――大躍進ですね！

怜　『恋と愛のその間には』はすごく思い入れが深いし、初のセンター曲でめちゃくちゃ嬉しかったです！　二人って聞いた時は、正直にいうと「一人ではまだ無理だったか……」って（笑）。多分、恋和も同じ気持ちだったんじゃないかな。この曲はダンスが難しいんですけど、振り入れが2時間しかなくて、しかもMV撮影当日だったんですね。必死だったけど、恋和が隣にいてくれたから安心感があったし、頑張らなきゃって燃えました。

――二人で支え合ったんですね。

怜　そうですね。その後NAMBATTLE2でまたセンターをさせてもらって、センターは楽しいだけじゃなく、全てを背負う怖いものだとも感じたんですね。その分、間違えたりミスしたりした時に「あれだけ練習したから仕方ない」と思えるくらい、とにかくたくさん練習するようになりました。

――できることを精一杯、ですね。

怜　はい！　なんですけど、その後にまた落ちてしまうことがあって……。NAMBATTLE2と並行してチームMの公演、そして個人戦もあったんです。個人戦はファンの皆さんの投票で選抜メンバーを決めるんですが、この投票シングルが自分のセンター曲だったんですよ。だから絶対1位にならなきゃって気負っていたんですが、結果は3位で……。その後に「ぐれいてすとな 笑まん」という吉本新喜劇さんとコラボしたミュージカルがあったんですが、それ自体はすごく楽しかったけど、心身ともに結構限界で。「1位でも2位でもなかった私がこのポジションにいていいのかな……」って、自分一人で思いつめちゃったんですね。そのミュージカルが終わってから、2週間ほどお休みさせてもらいました。

――そうだったんですね。

怜　自分の中で「休んだら置いていかれちゃう」って思いがあって、休業か卒業かすごく悩んだんですが、結局2週間と期限を決めてお休みしました。その後『好きだ虫』の活動中もなんとか頑張れたのは、花梨ちゃんとシンメだったというのがすごく大きかったです。その頃、「もう叶えられることはないのかな」「自分は何がしたいんだろう」って悩んで、思い当たったのが〝モデルさんになること〟でした。

長年夢見ていたモデルになれて今が一番楽しくて幸せ

――元々モデル業に興味が？

怜　芸能界を目指したのもモデルさんになりたかったからで、小学生の頃の「将来の夢」みたいな欄にも書いていました（笑）。NMB48を選んだのは、お姉ちゃんがいたからというのもあるし、モデルとしても活躍されている吉田朱里さんがいたから。でも段々と、私がモデルなんて夢見すぎかな、恥ずかしいなって口に出さなくなっていたんですが、今こうやってSCawaii!のレギュラーモデルになれて本当に幸せで、今が一番楽しいです。

これからもいろんなれーちゃんの魅力を見つけれーちゃんしてね

——実際にモデルになってみていかがですか?

怜　可愛い服を着られてとっても楽しいし、自分が他のモデルさんと掲載されているのを見るといまだに夢みたいです。上手くいかないことがあっても、ここでまた嬉しい気持ちになれるので、メンタル的にもありがたいなって……(笑)。

——今回のスタイルブックについてはいかがですか?

怜　もう本当に、嬉しくて嬉しくて!　この一冊に私の「やりたい」を全て詰め込ませてもらいました。ドールっぽい可愛い衣装も着てみたかったし、大人っぽいヘアメイクもしたかったし、低身長さんコーデも私らしさが出せたのかなって。どのページもお気に入りなので、隅々までじっくり見てほしいです。

——モデルという夢を叶えて、この先の目標はありますか?

怜　後輩メンバーがセンターになったり、後輩が引っ張って行ってくれる時期に入ったのかなと感じています。だけど、私もまだまだグループに何か良い影響が与えられたらと思うので、(吉田)アカリンさんや(村瀬)紗英さんみたいにモデルとして活躍しながら、NMB48をもっともっと広めていきたいです。

——では最後に、ファンの皆さんにメッセージをお願いします!

怜　いつも本当に温かい応援をありがとうございます。ご心配をおかけすることがあったかもしれませんが、今はとっても明るく、自信を持ってポジティブに生きています。やっと自分らしく、皆さんに恩返しをしていけるかなと思うので、見ていてくださると嬉しいです。これからもいろんなれーちゃんの魅力を見つけれーちゃんしてね。大好きーー!

Rei Interview

petite fille

小さい女の子

SHOPLIST

アビステ
03-3401-7124

Ank Rouge 渋谷109店
03-3477-5029

アンビリオン
03-3466-8991

INGNI
06-4704-3313

WEGO プレスルーム
03-5784-5505

CA4LA プレスルーム
03-5773-3161

GYDA
03-6408-1079

Jamie エーエヌケー ラフォーレ原宿店
03-5843-0235

スピンズ
0120-011-984

ダイアナ 銀座本店
03-3573-4005

ダイアナ 原宿店
03-3478-4001

dazzlin
03-5447-6590

ダブルエー
https://www.wa-jp.com

Darich
03-6804-6689

W♥C
03-5784-5505

チュチュアンナ
0120-576-755

PARIS KID'S 原宿店
03-6825-7650

MILK
03-3407-9192

merry jenny
03-6840-5353

Mel cinna
03-5784-5505

リゼクシー
03-6681-9470

Romansual
03-5784-5505

STAFF CREDIT

Total Producer	秋元康
Prodeucer	秋元伸介（Y&N Brothers Inc.）
	磯野久美子（Y&N Brothers Inc.）
NMB48 Project Producer	劔持嘉一
Management Excrutive	關根清隆
Artist Manager	幡谷幾子、近重光広、松井一徳、橋本涼平、石川智捺、
	芝田樹璃、坂素仁亜、内膳美智代、森中こころ
NMB48 Theater & Stage Production	
Theater Manager	金子剛
General Operation	治儀元之介、橘大樹、鶴身典久、髙木健
Promotion Staff	加藤司、福永博之、植野真琉、大島谷健
Cooperated with Showtitle	
Music Division	藤井貴礼、前田藍香
Cover Design	澤田由起子（ARENSKI）
Desingner	澤田由起子（ARENSKI）
	本木陽子（ARENSKI）
	秋葉麻由（ARENSKI）
Photographer	永谷和也（will creative）　P6～P31　P66～P73
	楠本隆貴（will creative）　P32～P51　P58～P65　P74～P93
	白木努（peacemonkey）　P52～P57
Stylist	中村加奈子
	上西怜（NMB48）
Hair&Make-up	久保フユミ（ROI）
	後藤若菜（ROI）
	神谷真帆
Writer	大下杏子
Editor	佐藤友理（主婦の友インフォス）
Editor in chief	前田起也（主婦の友インフォス）
Sales Promotion	上田奈実（主婦の友インフォス）
Special Thanks	秋元康事務所
	Y&N Brothers Inc.

petite fille《プチフィーユ》 小さい女の子《チイサイオンナノコ》

2023年4月30日第1刷発行

著　者　上西怜《じょうにしれい》
発行者　前田起也
発行所　株式会社主婦の友インフォス
〒101-0052　東京都千代田区小川町3-3
電話　03-3294-3136
発売元　株式会社主婦の友社
〒141-0021　東京都品川区上大崎3-1-1
目黒セントラルスクエア
電話　03-5280-7551（販売）
印刷所　大日本印刷株式会社

ISBN978-4-07-453049-6

■本書の内容に関するお問い合わせは、主婦の友インフォス エスカワイイ編集部（電話 03-3294-3136）まで。
■乱丁本、落丁本はおとりかえいたします。主婦の友社販売部（電話 03-5280-7551）にご連絡ください。
■主婦の友インフォスが発行する書籍・ムックのご注文は、
お近くの書店か主婦の友社コールセンター（電話0120-916-892）まで。
※お問い合わせ受付時間　月～金（祝日を除く）　9：30～17：30

主婦の友インフォスホームページ　https://www.st-infos.co.jp/
主婦の友社ホームページ　https://shufunotomo.co.jp/